考えることが楽しくなる
道徳の授業

藤田 善正 著

考えることが楽しくなる道徳の授業

まえがき　　　　　　　　　　　　　　　　　　　　　4

Ⅰ　「特別の教科　道徳」誕生とその背景　　　　8

1．「特別の教科　道徳」で何が変わる？　　　　8
2．内容項目と視点の順序の変化　　　　　　　9
3．道徳授業はどう変わるか　　　　　　　　　13
4．「道徳の教科化」の背景　　　　　　　　　15

Ⅱ　スローガンだけが先行してよいのか　　　22

1．「考え、議論する」道徳授業とは　　　　　22
2．「テーマ発問」による授業改善とその課題　　25
3．問題解決的学習で本当に問題は解決するか　26
4．アクティブ・ラーニングの流れに乗った道徳授業を問い直す　32
5．求められる多様な授業展開と役割演技　　　34
6．教科書配布と道徳授業　　　　　　　　　38

Ⅲ　道徳科の授業で大切にしたいこと　　　　43

1．道徳教育と道徳科ですることのちがい　　　43
2．「基本型」の型破り　　　　　　　　　　　44
3．道徳授業が好きになる導入の工夫　　　　　46
4．教材（資料）のタイプの違いをふまえた展開の工夫　56
5．教材（資料）分析のポイントと発問　　　　59
6．展開後段は必要？不要？　　　　　　　　　65
7．無理なく子どもに返す終末　　　　　　　　68
8．道徳の授業評価　　　　　　　　　　　　72

Ⅳ　道徳科における教材(資料)の活用　　　　　　　　　　77
　　1．伝記による道徳教育　　　　　　　　　　　　　　77
　　2．集団や社会に対する愛を扱う授業で配慮すべきこと　99
　　3．生命や自然、崇高なものを扱う授業で配慮すべきこと　110
　　4．いじめ、情報モラルを扱う授業で配慮すべきこと　122

Ⅴ　超有名教材 (資料) の落とし穴からの脱却　　　　132
　　1．特定の指導方法に固執すると　　　　　　　　　132
　　(1)　第1学年及び第2学年(低学年)　　　　　　　133
　　(2)　第3学年及び第4学年(中学年)　　　　　　　137
　　(3)　第5学年及び第6学年(高学年)　　　　　　　140

Ⅵ　教科化を意識した学習指導案　　　　　　　　　146
　　1．教科化で学習指導案の何が変わるか　　　　　　146
　　・小学校低学年教材　はしのうえのおおかみ　二わのことり　150
　　・小学校中学年教材　まどガラスと魚　ヒキガエルとロバ　160
　　・小学校高学年教材　リストの弟子　手品師　　170

まえがき

　いよいよ、道徳の教科化（「特別の教科　道徳」）が実現します。これまで道徳教育の推進や道徳の時間の工夫改善に熱心に取り組んできた教師にとっては朗報です。ところが、道徳の教科化の動きが出始めた平成25（2013）年春頃の新聞やネット等の世論調査によると、道徳の教科化に対しては、国民の多数が賛成をしているのに、教育関係者の賛成は少数で、あまりにも差が大きいという結果が出てきました。平成27（2015）年３月の学習指導要領の一部改訂に対するパブリックコメントでも、賛成が約６割という結果が見られます。道徳の教科化に対して、国民の多くは、いじめの抑止力としての規範意識を高めることや、きちんとあいさつができるなど子どもの意識や行動が変化することまでを期待していますし、教育関係者は、評価の難しさや価値観の押し付けになることに危惧しているという現状があります。実際に学校において道徳教育や道徳授業を行うのは教師なのですから、研修等を通してこの差を埋めていくことが今後の大きな課題となります。

　さて、この道徳の教科化の動きが起こったきっかけは、大津市の中学校で起きたいじめ問題に発しますが、もっと大きな問題は、道徳の時間が教科と比べて軽視されがちであるだけでなく、地域間格差・学校間格差・教師間格差が極めて大きいという問題です。学級集団づくりの一環として道徳の時間にドッジボールやキックベースボールをしても、信頼・友情と読み替え、福祉体験としてアイマスク体験や車いす体験をしても、思いやりの心を育む授業だから道徳の時間とカウントしたり、本来は特別活動であるべき運動会や宿泊行事等学校行事の準備や学級で起きたトラブル解決の話し合いを、道徳の時間とカウントしたりして年間35時間以上していると教育委員会に報告するという現状を変えない限りは、この問題は解決しません。また、アクティブ・ラーニングと言えば、体験参加型の人権学習がそれに当てはまると恣意的に解釈して、「フラフープの上げ下ろし」や「気持ちカード分類」の授業をしたり、宿題等の行為の指導をしたりするというのでは、道徳の授業改革は、本来の意図とは異なった方向へ進む可能性もあります。活動があっても学習のない授業にしてはなりません。少なくとも小学校においては、これまでも各教科・領域の授業の中でアクティブ・ラーニング（主体的・協働的な

学び）は日常的に行われてきたと考えます。道徳の時間誕生以来60年近くが経ちますが、道徳の時間は、資料（やがて教材と呼ばれるようになる。）を通して自分を振り返るということが、全国の教師一人ひとりにまでには浸透していませんでした。それどころか、道徳授業は、資料を使って行うという当然のことさえも行われていなかった地域もあり、その改善は急務です。

　教科書が使われることで教材研究が進み、指導方法が広まれば、授業の質が高まることが期待されます。道徳授業の改善でスローガンの言葉よりも大切なポイントは、「柔軟でバランスの取れた指導方法の開発・実践」という多様な指導の方向性です。これまで当然のこととして道徳の時間に取り組んできた地域・学校・教師にとっては、教科化が行われても新たな理念に基づいた指導方法を加えて授業を工夫改善して行えばよいということになると思いますが、これまでまともに道徳の授業をやってこなかった地域・学校・教師にとっては、まさに「黒船来航」ということになると思います。道徳の教科化に当たり、全国すべての教員、とりわけこれまで道徳教育と道徳授業に力を入れて取り組んでこなかった地域の教員研修をきちんと行って教員の意識改革を行わなければ、「仏造って魂入れず」で教科化の実効性は薄いものになると考えます。

　一方、授業時数だけは年間35時間以上行っていても、その内容が副読本を使って主人公の気持ちを共感的に理解する国語の心情読みと変わらない授業が多いという問題は、道徳授業の形骸化にもつながり、道徳の時間の実効性が問われるようになってきました。道徳の時間と子どもの行為の因果関係がはっきりしないため、熱意をもって道徳授業を行っても子どもの成長が目に見えてこないと空しさを感じる教師も少なくありませんでした。だからこそ、1時間の道徳授業で子どもの何を変えることができるかということをきちんと押さえなければなりません。それは、道徳の授業評価の問題にも直結します。

　さて、これまで、道徳の時間の工夫改善に熱心に取り組んできた教師の中にも、ある特定の指導方法のとりこになって、その「枠」から抜け出せず、他の指導方法を排除して、そのよさに学ぼうとしない傾向があります。もっと柔軟に「いいとこどり」の発想をもって研究・実践することはできないのでしょうか。また、今回の学習指導要領の一部改訂で文部科学省が、スローガンとして「読み物道徳」から「考え、議論する」アクティブ・ラーニング

の授業を提唱すると、スローガンや言葉だけが先行して、単純に読み物を活用した道徳授業はよくないので、対立する課題を設定して子どもに討論させればよいと捉えたり、「問題解決的な」という言葉を生活上の問題解決と短絡的に捉えて授業を行ったりすると、本来の学習指導要領改訂の意図とは全く異なる授業が行われるのではないかと危惧しています。むしろ、これまでに積み上げられてきた道徳授業の優れた実践に学び、「読み物」を活用しながらも、「考える道徳」をめざし、教材（資料）の特性や学年の発達段階をふまえ、必要に応じて「議論する道徳」を採り入れるべきではないでしょうか。

　さらに、教育活動全体で行われる道徳教育と道徳科（道徳の時間）の授業のそれぞれで行うことを関連付けながらも棲み分けする必要があります。これまでに積み上げてきた指導理念や指導方法のうち何を継承して今後に活かし、何を変えていくべきかを考える必要があります。

　そのような意味でも、日本の道徳教育は、今、正念場を迎えていると感じます。そこで、私はこの著作の執筆を決意しました。約37年間いろいろな立場で道徳教育と道徳授業の研究と実践をしてきました。どのような立場に置かれても、教壇に立って授業実践を行い、それをもとに発言してきました。その間、考え方に不易の部分もありますが、次第に変化してきた部分もあります。不易の部分は、「感動」と「感化」を大切にするという理念的なことであり、変化してきたことは、主として次の３つです。

① 　より深い教材（資料）分析に基づく多様な発問の工夫
② 　教科書が配布されて、子どもが教材（資料）のストーリーを既に知っていても、新たな発見のあるような授業の構築
③ 　いろいろな指導方法の長所・短所（陥りやすい傾向）を知り、そのよさに学び、採り入れること。

　本書の第Ⅰ章では、日本における道徳教育の課題をふまえて「特別の教科　道徳」誕生とその背景を述べていきました。第Ⅱ章では、「考え、議論する」アクティブ・ラーニングだけでよいのかという、道徳授業の改革方向の課題について述べました。第Ⅲ章では、基本型の「型破り」をする中で、道徳科の授業で大切にしたいポイントを授業展開に沿いながら述べていきました。第Ⅳ章では、道徳科における教材（資料）の活用として、今道徳教育において課題となっている伝記の取り扱いや、集団や社会に対する「愛」の取

り扱い、生命や自然、崇高なものの取り扱い、いじめや情報モラルの問題を採り上げました。第Ⅴ章では、「超有名教材（資料）の落とし穴からの脱却」と題して、超有名教材（資料）ごとにその陥りやすい問題とその解消方法について述べました。第Ⅵ章では、教科化を意識した指導案の書き方とその実例を示しました。なお、本書の事例等は主に小学校の授業を中心に述べていきます。また、用語としては、今後を見据えて「道徳科（道徳授業）」や「教材（資料）」を使いますが、歴史的なことがら等を述べる場合には、「道徳の時間」や「資料」を使うこともあります。

　本書の執筆中の平成28（2016）年11月22日に、第28回近畿小学校道徳教育研究会大阪市大会が大阪市立豊仁小学校で開催されました。最後の赤堀博行教科調査官と藤永芳純大阪教育大学名誉教授の記念対談の中で、赤堀教科調査官は、道徳を教科化することの背景について、

　「道徳の時間に、人権教育や平和教育をしているから。」

と、明言されました。また、藤永名誉教授は、10数年前の広島県の是正指導の例を挙げられました。広島県では、この是正指導の結果、学力も向上し、生活指導上の問題も減少していることが数字的にも明らかになっています。確かに、道徳教育と人権教育や平和教育には重なるところもありますが、ただ読み替えればそれでよいというものではありません。

　さて、私が校長を定年退職後、道徳教育の研究と推進に再チャレンジし、本書の執筆を決意したのは、長年にわたって私の教育・研究活動を応援し、退職の挨拶状に対して、

　「難しい環境の中で、道徳教育の充実にご尽力頂きましたことに心より敬意を表し、感謝いたします。」

というお便りをくださいました、昭和女子大学大学院教授（日本道徳教育学会会長）押谷由夫先生の激励によるところが大きいです。ここに深く感謝申し上げます。また、本書出版の実現にお世話いただきました日本教育研究センターの東口かすみ様にお礼申し上げます。

　　平成29年3月

　　　　　　　　　　　　　　　　　　　　　　　藤田　善正

Ⅰ 「特別の教科　道徳」誕生とその背景

1 「特別の教科　道徳」で何が変わる？

　平成26(2014)年10月21日の中央教育審議会の答申を受けて、平成27(2015)年3月27日に学校教育法施行規則改正・学習指導要領一部改訂が行われ[1]、これまで領域であった「道徳」が「特別の教科」と位置づけられました。「特別の教科」という聞き慣れない言葉が使われる意味を考えるためには、教科であるための条件は何かを押さえておく必要があります。教科の条件としては次の3つが必要となります。

　　①数値による評価
　　②教員免許（現在は2単位）中学校は教科の免許
　　③教科書

　改訂された学習指導要領では、評価はするが、数値による評価をしないとされ、道徳性に関わる子どもたちの成長の様子を多面的、継続的に文章で記述するよう、有識者会議を開いて評価の在り方を検討して、一定の方向性を出しました。

　教科になった場合、これまでの「教科」では中学校では免許が必要とされますが、中学校では学校の中で学級担任が学級の生徒のことを一番よく知っていると考えられることから、当面道徳科の免許を作らず、これまで通り学級担任を中心にして指導することになります。

　また、教科書は、改訂された学習指導要領をもとにして検定基準を作成して、教科書会社が作成し、その後検定・採択が行われるため小学校では平成30(2018)年度、中学校では平成31(2019)年度から児童・生徒に配布されることになります。だから、他の教科とは違うという意味で、「特別な教科」という用語が使われているのです。これらを概観して表にまとめると、次ページのようになります。

	現行の学習指導要領	改訂された学習指導要領
位置づけ	領域（教科外活動） 　　道徳の時間 ────→	特別の教科 　道徳科
教　材	副読本など（資料）地域・学校・教師間格差が大きい	検定教科書（教材） 使用義務が生じる
評　価	指導要録に記載なし	数値によらない評価
授業時数	年間35コマ（小１は34コマ）	変わらず
指導者	学級担任が中心	変わらず

　また、この表には描かれていませんが、道徳教育は学校教育全体を通して行われるという理念は、戦後一貫して変わりません。学校教育全体を通して行われる道徳教育が道徳科（道徳の時間）の内容項目とどう関連しているかを明確化させるため、現在、全体計画別葉を作ることが求められています。さらに、校長の判断で平成27(2015)年度から改訂された学習指導要領を先行実施することも可能となりましたが、ほとんどの学校では、評価の在り方がはっきりし、教科書が配布されるまでは、現行の学習指導要領に準拠して教育課程が編成・実施されるものと考えられます。また、その間に、教員研修を充実させ、道徳の教科化に対応できるようにすることが求められます。また、文部科学省は、学習指導要領の改訂に伴って、スローガンとして「読み物道徳」から「考え、議論する」道徳科への転換により、児童生徒の道徳性を育むことを謳っていますが、現在道徳の時間に行われている授業内容には、地域間格差・学校間格差・教師間格差が大きいため、「考え、議論する」以前の諸問題に取り組まねばならない地域や学校もあります。次に、学習指導要領一部改訂によって変わることを詳しく述べてみましょう。

2 内容項目と視点の順序の変化

　戦前の修身の「徳目」という言葉のもつイメージを変えるためもあってか、道徳の時間が創設された昭和33(1958)年以来、道徳の時間で扱う価値については、「内容項目」という用語が使われています。なお、今回の改

訂では、小中学校がほぼ約20(19〜22)の内容項目数になってそれぞれ子ども
の道徳的な発達をふまえて対応しています[2]。

　平成元(1989)年の改訂以来、内容項目は、４つの視点でまとめられてい
ましたが、視点３（対自然や崇高なもの）と視点４（対社会）の順序を逆に
して、これまでの１２３４からＡＢＣＤで表記されることとなりました。
これは、子どもにとって対社会の認識の方が、対生命・自然や崇高なもの
よりも早く発達し、同心円的な広がりをもつためです。さらに、従来の内
容項目では、学年によって項目数や番号（数字）の表記が異なり対応して
いないところもあったため、道徳を専門に研究していないほとんどの教員
にとって、例えば、小学校５・６年生の内容項目1−(4)と数字を言われても、
小学校１・２年生の内容項目1−(4)と対応していないこともあって、それ
が何を指しているのか即時にわかりにくいこともありました。今回の改訂
では、内容項目ごとに整合性が図られて、中学校も含め、学年間で対応す
るようになりました。また、内容項目をわかりやすくするために教員でな
くてもわかる「正直、誠実」「個性の伸長」「感謝」のようなキーワードで
表記するようになりました。

　また、ＡＢＣＤという表記は、初めて登場した用語で、不慣れなための
違和感もありますが、学習指導要領の一部改訂で、視点の順序を変えたこ
とは、子どもの認識の発達をふまえた妥当なものであると考えられます。

内容項目数の推移

改訂年	小学校			中学校
1958（昭和33）年	36			21
1968（昭和43）年　小学校 1968（昭和43）年　中学校	32			13
1977（昭和52）年	28			16
	低学年	中学年	高学年	
1989（平成元）年	14	18	22	22
1998（平成10）年	15	18	22	23
2008（平成20）年	16	18	22	24
2015（平成27）年	19	20	22	22

４つの視点の順序の変化

（学校・学年）	1→A 対自分	2→B 対他の人↔人	4→C 対社会	3→D 対生命・自然
中学校	自律の精神 自己の向上	人間愛 寛容の心	社会参画・社会連帯 世界の中の日本人	生命の 連続性・有限性
高学年	真理の探究	異性理解	法 権利・義務 集団の中の役割	生きる喜び 自然環境
中学年	節度・勇気 不撓不屈	相互理解 寛容	公正・公平 国際理解	生命の尊さ 感動する心
低学年	正直・誠実 善悪の判断	礼儀 親切 友情	約束きまり 家族・学校 郷土・国	生命を 大切に 美しいもの

小学校

　また、上の表は、内容項目の中に記されたキーワードを含むそれぞれの学年に記述された代表的な言葉を並べたものですが、子どもの認識の発達やその学年における発達課題がどのようなものであるかがよくわかります。

　さらに、学年ごとの内容項目数を学年ごとに表すと、次のようになります。

学年ごとの内容項目数

視点／内容項目数	低学年	中学年	高学年	中学校
A．自分自身に関すること	5	5	6	6
B．人とのかかわりに関すること	4	5	5	5
C．集団や社会とのかかわりに関すること	7	7	7	7
D．生命や自然、崇高なものとの関わりに関すること	3	3	4	4
キーワードで示された項目数	19	20	22	22

　また、小学校で新たに加わった学習内容は、次のとおりです。

学　　年	学　習　内　容
小学1、2年	・自分の特徴に気付くこと（**個性の伸長**） ・自分の好き嫌いにとらわれないで接すること（**公正、公平、社会正義**） ・他国の人々や文化に親しむこと（**国際理解、国際親善**）
小学3、4年	・自分の考えや意見を相手に伝えるとともに、相手のことを理解し、自分と異なる意見も大切にすること（**相互理解、寛容**） ・誰に対しても分け隔てをせず、公正・公平な態度で接すること（**公正、公平、社会正義**）
小学5、6年	・よりよく生きようとする人間の強さや気高さを理解し、人間として生きる喜びを感じること（**よりよく生きる喜び**）

（※カッコ内は学習内容のキーワード）

　中学校においては、これまでの内容項目が統合されたり、分割されたりしています。また、中央教育審議会の答申では、「いじめ問題への対応や、情報モラル、生命倫理など現代的課題の扱いも充実する。」ことが謳われていますので、それらが、内容項目にも反映されています。

　また、今回の改訂では、道徳教育の目標と道徳科の目標が共に、「よりよく生きるための基盤となる道徳性の育成」とされました。従来の道徳の時間は、**道徳的実践力**という内面的資質の育成がそのねらいとされ、情意的な側面を重視する傾向がありました。「**道徳科**」では、**道徳性**という資質・能力の育成がそのねらいとされ、認知的、情意的、行動的側面の3つをバランスよく育成することが謳われています。道徳教育や道徳科（道徳の時間）の指導の結果は数値に現れにくいものではありますが、学力や健やかな身体・運動能力を育む基盤になります。このような考えのもとにあるのは、OECD（経済開発協力機構）が提唱したPISA調査の概念枠組みの基本となっているキーコンピテンシーの考え方です。知識基盤社会時代に特定の文脈で複雑な課題に対応できる能力が求められているという認識のもと、

　①社会・文化的、技術的ツールを相互作用的に活用する力

　②多様な社会グループにおける人間関係形成能力

③自律的に行動する能力

が、求められており、それを受けて、国立教育政策研究所は、21世紀型能力として、実践の場で主体的に適切な判断ができる能力の育成が大切であると考えています。

３ 道徳授業はどう変わるか

　学習指導要領一部改訂を受けて、平成27（2015）年７月３日には、「特別の教科」となる道徳について、文部科学省は、学習指導要領の解説書[3]を公示しました。これは、本来は教員が授業を行う上での手引き書ですが、今回は、検定教科書を作成する上での指針という側面も伺えます。

　解説書では内容項目ごとに指導のポイントが記されています。例えば、教科化のきっかけとなったいじめの防止について、小学校においては、

　「道徳教育においては、道徳科を要とし、教育活動全体を通して、生命を大切にする心や互いを認め合い、協力し、助け合うことのできる信頼感や友情を育むことをはじめとし、節度ある言動、思いやりの心、寛容な心などをしっかりと育てることが大切である。そして、学んだことが、日々の生活の中で、よりよい人間関係やいじめのない学級生活を実現するために自分たちにできることを相談し協力して実行したり、いじめに対してその間違いに気付き、友達と力を合わせ、教師や家族に相談しながら正していこうとしたりするなど、いじめの防止等に児童が主体的に関わる態度へとつながっていくのである。……」

としています。中学校ではさらに、

　「生徒自身が主体的にいじめの問題の解決に向けて行動できるような集団を育てることが大切である。生徒の自尊感情や対人交流の能力、人間関係を形成していく能力、立場や意見の異なる他者を理解する能力などいじめを未然に防止するための資質・能力を育むとともに、様々な体験活動や協同して探究する学習活動を通して、学校・学級の諸問題を自主的・協働的に解決していくことができる集団づくりを進めることが求められる。」

と、より踏み込んで書かれています。

また、「寛容」と「規則の尊重」など、ときに対立する価値観が両論併記されており、これらの記述に沿って編集が進められると、子どもたちの「議論の場」となる教科書が誕生し、それに対応した授業展開が予想されます。このような授業の場合、どちらの価値がより尊いといったある価値を絶対的なものとして扱わないことが求められます。

　『国や郷土を愛する態度』については、国の定義について「政府や内閣などの統治機構を意味するものではなく、歴史的・文化的な共同体」としました。そのうえで「偏狭で排他的な自国賛美ではなく、国際親善に努めようとする態度につながっているか留意が必要」とバランスのとれた指導が行われるよう留意点に記しています。

　このほか、防災、環境、貧困、人権、平和、開発といった現代的な課題を扱うよう求めているほか、子どもたちが多面的・多角的に考えられるよう、特定の価値観に偏らないことが最も大切だとしています。

　このような考えに基づいて作成された教科書では、情報モラルの問題など身近な具体的事例の導入が想定されますが、教科書はこれらの問題について、唯一の正解を示すのではなく、子どもたちが自ら考えたり、互いに話し合ったりすることに力点を置いた編集になるものと考えられます。

　さて、これまで民間会社が作成した副読本には小学1年の1学期の学習内容として問題場面等を描いた絵話が載っていましたが、小学2年以上の学年では読み物資料が35作品載っていました。副読本によっては、道徳の時間で何を学ぶかの紹介や、いくつかグループエンカウンターによる話し合い活動を採り入れたもの等もありました。そこで、教科書に「私たちの道徳」のよい部分を採り入れるならば、いろいろなタイプの読み物資料を中心としながらも、コラムや人の言葉、写真や絵、発展的な読書案内等が掲載されて、それをもとに話し合えるようなものになることが期待されます。また、「私たちの道徳」のうち「心のノート」を引き継いだ部分は、教科書に対応した「道徳ノート」を教材業者がつくるだけでなく、各学校において子どもの実態に合ったワークシートを含む「道徳ノート」を創意工夫してつくるとことが期待されます。

ところで、よい教科書ができても、授業そのものがよい方向に変わらなければ子どもは成長しません。例えば、授業展開において、小学校では主人公の心情を筋を追いながら場面ごとに問うような国語の心情読みのようなものや、中学校ではワークシートに書かれた課題を次々と書き込んでそれを読み上げるようなワンパターンの授業から脱却し、新たな発見のある授業を構築することが求められます。また、教科書には、使用義務が伴います。ところが、この使用義務はかなり柔軟なもので、教科書使用を前提としつつ、教科書を補う形で他の教材と組み合わせ、子どもの学習効果が高まるようにすることが、現場の教師には求められています。例えば、道徳科の教科書に掲載された教材が地域性の強いものの場合、小学校3・4年生の社会科の教科書のような考えに基づいて、子どもにとってより身近な郷土教材を使うのは望ましいと思いますが、道徳科の教科書が図画工作（美術）科の教科書にありがちな、教師の恣意的な考えに基づいてごく少数だけ参考資料的に使われたり、あるいは他の教材の方が優先されて全く使われなかったりしたら、また新たな問題が生起すると考えられます。

4 「道徳の教科化」の背景

さて、道徳の教科化は、第1次安倍内閣の下で設置された教育再生会議も平成19（2007）年に、子どもたちに高い規範意識を身につけさせるため、道徳を「徳育」という正式な教科とするよう提言していました。しかし、当時は、中央教育審議会が道徳教育は子どもたちの心の内面を育てるもので、検定教科書を使うことや成績をつけることにはなじまないと最終的に判断し、実現には至らなかったという経緯があります。それが再び議題に上がったきっかけとしては、平成23（2011）年に大津市で生起した「いじめ自殺」事件をはじめ、重いいじめ事案が続発したことが挙げられます。そのことに対して、多くの国民が「子どもの規範意識はどうなっているのか？」という想いや危機感を抱き、道徳の教科化に賛成するという世論を高めたことは確かです。ちなみに、教育再生実行会議の第1次提言の中で道徳の教科化が提言された直後の平成25（2013）年3月に行われた読売新聞

の世論調査によると、圧倒的多数とも言える84％が道徳の教科化に賛成しているという結果が出ています。一方、同時期に行った教育関係者対象のアンケート等では逆に賛成が２割程度と、あまりにも差が大きく、この差をいかに埋めるかということが大きな課題です。

　ところで、重いいじめ事案は、これまでも数年ごとに繰り返されてきました。そのたびに、文部科学省（文部省）や教育委員会は、いじめの根絶に取り組むよう指導し、それを受けて各学校もいじめを見逃さない姿勢で取り組んできた結果、翌年度にはいじめの報告件数が大きく増加するということが繰り返されてきました。従って、いじめの報告件数が増えたのは、学校が「いじめ」と認めて、きちんと指導したこともあるので、単純に報告件数の多い県は「いじめ」が多い県であるとは言えないのではないでしょうか。いじめ問題が道徳の教科化のきっかけになったことは確かですが、原因のすべてではありません。

　むしろ、学習指導要領で示されているにもかかわらず、道徳の時間に行われている教育内容が、地域・学校・教師によって差が極端に大きいことの方が重大な課題ではないでしょうか。毎年度末学校が教育委員会に報告する教育課程実施状況調査や、約５年に１度文部科学省が全小・中学校に対して行う調査でも、ほとんど100％の学校が年間35時間以上していると報告していますが、実態はどうでしょうか。学習指導要領は、日本中どこに住んでいても同じ質の教育を受けることができるという教育の機会均等を保障する義務教育を支える大綱的な基準です。これを揺るがしてはなりません。

　確かに、既に副読本・視聴覚などの資料をもとにして、自分を振り返る「要（かなめ）」の時間として年間35時間以上行われている地域・学校・学級もありますが、いろいろな「読み替え」によって年間35時間を確保しているところもあるというのが実態ではないでしょうか。全国的に見ると、道徳の副読本が公費で児童・生徒に配布されている都道府県・市町村ばかりではありません。県教育委員会や市教育委員会が独自に資料集を作成して配布しているところもあれば、道徳授業が、資料をもとにして進められると

いう当然のことさえ教員にほとんど浸透していない地域・学校も見受けられます。

　また、「道徳の教科化」の背景には、各地域で授業改善に努力している教師がいるにもかかわらず、道徳授業のある部分、あるいはかなりの部分が形骸化しているので、より実効性ある道徳授業へと質的改善を図るという目的もあります。「道徳」という言葉から連想するマイナスイメージを払拭し、子どもが道徳的価値を積極的に受容し、将来出会うであろういろいろな出来事に対してよりよい対応ができるような実効性のある道徳授業へと転換できてこそ、道徳の教科化はその目的を達することができるのではないでしょうか。

　押谷由夫[4]は、平成26(2014)年「道徳教育の充実に関する懇話会」で道徳の教科化案がまとめられた頃、インタビューに答えて、道徳を教科化する必要性について次の二つの理由を挙げています。

① 　熱心に取り組む教師の努力にのみ頼って道徳教育の充実を図るのには、限界にきており、制度的な仕組みの改革とそれに伴う行政的補助が必要であること。
② 　学校を人間教育の場にするための中核にあるのが道徳教育であり、道徳教育の要である道徳の時間を特別の教科にすることによって、そのことが実現できること。

　また、押谷由夫は、近著の「道徳の時代がきた！ ─道徳教科化への提言─」[5]と、「道徳の時代をつくる！ ─道徳教科化への始動─」[6]の中で道徳の教科化の必要性をさらに詳しく述べています。

　さて、学校間格差や教師間格差の極端な例を挙げると、道徳の時間が学期末等に遅れた教科の時間に充当されたり、席替えの時間にされたり、学級集団づくりという名のもとにドッジボールやキックベースボールをやって「信頼・友情」の授業と読み替えるような例もあります。また、車いす

体験や地域清掃といった道徳的な要素を含んだ教育活動や、社会見学の発表会や、学級で起こったもめごとを解決するための話し合い、学校行事の係決め等をすべて「道徳の時間」としてカウントしているケースもあります。これらは、本来「総合的な学習の時間」や「特別活動」としてカウントされるべき教育活動です。さらには、道徳を人権と読み替えればそれでよいという考えで授業を行ってきた教師もいます。いわゆる体験参加型の人権学習（「権利の熱気球」や「魔法のフラフープ」や「気持ちカード」等）をそのまま道徳授業として行っている事例もあります。確かに人権教育は大切な教育で、道徳教育と重なる部分もあり、道徳の教材（資料）も人権という視点から検討・分析しなければならないと思いますが、人権教育を道徳教育と読み換え、人権学習をもって道徳授業としたらそれでよいというものではありません。また、平和施設の社会見学とその調べ学習の発表会を「道徳の時間」とカウントしている事例も知っています。これは、「平和」を扱っているとはいえ、道徳的価値についての学習とは言えないものがほとんどです。このような学習は、「総合的な学習」に位置づけられるべきものです。生命の尊重や国際理解・国際親善の面からアプローチしてこそ、道徳学習と言えます。

　このように同じ日本の中においてこのような大きな地域間格差・学校間格差・教師間格差が生じた理由は、大別すると3つあります。

　第1の理由は、戦後教育において、道徳教育が子どもの人間形成・人間的成長という本来の教育問題としてよりも政治的問題として語られがちであったという歴史的経緯であり、これは現在にも続いています。国や都道府県・市町村の政治状況や教員の道徳教育に対する取組状況の大きな違いが教育にも反映しています。国レベルでは、昭和33（1958）年に道徳の時間が特設されたときの対立に始まり、最近では政権が交代するたびに「心のノート」が税金の無駄遣いとして仕分けされ、また再び配布され、さらに道徳教育の充実を図るために全面改訂されて「私たちの道徳」として配布されてきたという経緯があります。政権が変わるたびに、道徳教育に対す

る考え方が大きく変わるようなことがあっては、日本の道徳教育は極めて不安定なものになってしまいます。

　第2の理由は、大学における教員免許の条件としての道徳教育に関する2単位15時間の講座内容が、大学によっては、小・中学校教育で行う道徳授業につながらず、かけ離れているところもあるということです。例えば、哲学・倫理学・教育学そのものを教えて、「道徳教育の研究」と呼んでいるケースもありました。古今東西の哲学者や倫理学者の学説そのものを講義しても「道徳教育の研究」になりますし、私がかつて大学生時代に受講した講義のように、主要な世界各国で行われている道徳教育の状況説明がその大半であったところもあります。講義内容が道徳授業批判であっても、「道徳教育の研究」「道徳教育の理論と方法」等と大学によって名称は違っても、そのまま2単位として通用してきました。また、担当している大学教員の専門分野は様々です。道徳教育や道徳授業を専門分野にしている教員ではなく、専門外の教員が兼任していることが多く見られます。前述したような講義をいくら受けても、教壇に立った時に、道徳授業ができる教師が育つとは考えにくいです。哲学や倫理学といった道徳教育の親学問を学ぶことは非常に大切なことですが、それらをふまえ、さらに子どもの心理的発達を考慮した教育論や学習指導要領をふまえた授業論を「道徳教育学」として学ぶことが最も望ましいと考えます。道徳の教科化に当たり、教科教育学としての「道徳教育学」の確立が望まれます。そのようなことをふまえ、将来的には、大学においても、道徳教育の目的や歴史、世界の道徳教育、子どもの道徳的な発達など道徳教育の理論面を学ぶ講座と、道徳科（道徳授業）の指導方法や教育技術など実践的な指導力を育成する実践面を学ぶ2つの講座に分けて、他教科と同様に合計4単位30時間を必修とすることが求められます。そのような現在の大学教育の実態をふまえて、貝塚茂樹[7]は、次のように述べています。

　「……なかでも、道徳教育の理論研究の「貧困」は、「形骸化」の元凶で

ある。それは、道徳が教科でないことで、大学に道徳教育を専門的に研究する講座や専攻分野がほとんどないことに起因する。

　そのため、道徳教育の研究者は極めて少数であり、道徳教育の専門でない教員が大学の講義を担当することは決して珍しくない。大学の教員養成は免許と連動するため、教科ではない道徳教育の研究者がいなくても特別に支障がないのである。

　また、教員免許を取得するために必要な道徳の単位数は2単位程度である。それだけでも不十分なのに、専門外の教員が講義を担当するわけであるから、教員養成が空洞化するのは当然である。……」

　貝塚茂樹は、さらに『道徳の教科化 ―「戦後七〇年」の対立を超えて―』[8]で、道徳を教科にしなければならない理由、教科書、専門免許・教員養成、教育内容などについて詳しく述べています。

　第3の理由は、同じ日本国内において初任者研修で授業を伴った道徳教育研修を行い、道徳教育の分野におけるリーダーを積極的に育成している地域もあれば、就職してから数十年たっても道徳教育や道徳の時間に関する教員研修を受ける機会がごく最近までほとんど全くなかった地域や学校が存在するという実態があるということです。平成25（2013）年度から3年間で、日本中すべての中学校区単位で道徳教育に関する研修を行う「豊かな人間性をはぐくむ取組み推進事業」がその突破口になりましたが、文部科学省でも教育委員会でも各学校でもこれから研修を通してすべての教員が道徳教育と道徳科（道徳授業）の意義といろいろな指導方法を知り、実際に授業ができるようにすることが求められています。ところが、「豊かな人間性をはぐくむ取組み推進事業」の指定を受けた学校の研究授業において、相変わらず特別活動（学級活動）としか考えられないような内容の研究授業を「道徳の時間」の授業の名のもとに行っている学校もあるという実態があります。道徳の時間が創設されてから60年近くたっても、まだこのような課題が存在すること自体が大きな問題なのですが、今回の学習

指導要領の一部改訂を機に、改善されることが望まれます。

(参考・引用文献)

1．文部科学省編（2015）小学校学習指導要領　中学校学習指導要領　文部科学省
2．和井内良樹（2015）「データで見る道徳教育」月刊誌「道徳教育」4月号　1　明治図書
3．文部科学省編（2015）小学校学習指導要領解説書・中学校学習指導要領解説書　文部科学省
4．押谷由夫（2014）学校を真の人間教育の場にしましょう　月刊誌「道徳教育」3月号　4〜7　明治図書
5．押谷由夫　柳沼良太編著（2013）『道徳の時代がきた！―道徳教科化への提言―』2〜10　教育出版
6．押谷由夫　柳沼良太編著（2014）『道徳の時代をつくる！―道徳教科化への始動―』 2〜9　教育出版
7．貝塚茂樹（2015）「戦後70年、道徳教育に魂入れよ」2015.1.3　産経新聞
8．貝塚茂樹（2015）『道徳の教科化 ―「戦後七〇年」の対立を超えて―』文化書房博文社

Ⅱ　スローガンだけが先行してよいのか

1　「考え、議論する」道徳授業とは

　文部科学省は、学習指導要領の一部改訂にあたって、現行の道徳の時間の指導では、読み物中心の形式的な授業が広がっているので「考え、議論する道徳授業」へ転換しなければならないと述べています。その結果、読み物教材（資料）は悪いと早合点している教師が多数いるというのも現状です。このようなスローガンが登場した理由を検討すると、読み物を使うことそのものに課題があるというよりも、教師が、読み物資料を使って、場面ごとに登場人物（特に主人公）の気持ちを問うような国語の物語文の心情読みの授業をしていたり、感想を述べ合うだけの授業になっていたりすることがあるからではないでしょうか。むしろ、読み物教材（資料）を使いながらも、道徳授業にふさわしい道徳的価値についての考えを深めるような発問を工夫する必要があります。「議論する」については、考えを出し合って異なった考えをもつ相手を説得するところまでならよいのですが、議論によって相手の論理を潰すところまでやり込めてはいけないと思います。道徳の時間において「考える授業」をすることは常に求められますが、議論することはどの学年においても、また、どのような教材（資料）を使うときでも常に必要であるとは言えません。議論は特に判断力を高めるような授業において求められます。また、登場人物の心情理解も手法によっては、特に小学校においては有効な場面も見られます。感動に浸ったり、内面を深く考えたりする様々な手法が実践され成果を上げています。むしろ、今回の改訂の最大のポイントは、「多様な授業の手法を保障すること」や「柔軟でバランスの取れた指導方法の開発・実践」という方向性です。一様な授業の手法を求めて、柔軟性やバランス感覚を失ったところから、むりやりある型に当てはめてそれ以外は許さないといった画一的な指導方法が幅を利かせるようになるのではないでしょうか。スローガンだけが先行することを危惧します。

小学校では、学級担任はほぼ毎日国語の授業をしています。そのため、読み物を使った授業において、国語の授業の影響が出やすいのです。例えば、

「このとき、主人公はどんな気持ちでしょう。」

と、主人公の気持ちを共感的に追いかけるだけのワンパターンの発問が道徳の授業を単調にしています。できるだけ、「気持ち」という言葉を使わないで、主人公の心に迫ることはできないでしょうか。さらに、道徳では、行動を支える心や、ものや言葉に添えられた心や価値そのものを問うことが大切です。また、

「あなたはどんなことを感じましたか。」

という国語の第一次感想的な焦点のぼやけた発問が、道徳授業を平板なものにしています。国語の授業では作者の意図を丁寧に読み取ることが大切ですが、道徳の授業は、資料に描かれている人物の道徳的な問題を取り扱うという大きな違いがあります。さらに、道徳では、小・中学校とも資料を読むのは主に教師の仕事です。特に、中学校の資料は長く、読むだけで10分ぐらいかかります。国語力の差が道徳授業で表出しないようにすることが求められます。

そのようなことを受けて、道徳教育に係る評価等の在り方に関する専門家会議は平成27年6月以来、道徳科の評価だけではなく、道徳授業の在り方についても議論を重ねてきましたが、平成28年7月22日の会合で「『特別の教科　道徳』の指導方法・評価等について」の報告書をまとめました。それによると、道徳科における質の高い多様な指導方法について次の3つの学習が重視される一方、登場人物の心情理解のみの指導や主題やねらいの設定が不十分な単なる生活経験の話し合いはよくないとされました。

①読み物教材の登場人物への自我関与が中心の学習
　教材の登場人物の心情を自分との関わりで多面的・多角的に考えることなどを通して、道徳的諸価値の理解を深める。

②問題解決的な学習
　問題解決的な学習を通して、児童生徒一人一人が生きる上で出会う様々な問題や課題を主体的に解決するために必要な資質・能力を養う。

③道徳的行為に関する体験的な学習
　役割演技などの体験的な学習を通して、道徳的価値の理解を深め、様々な課題や問題を主体に解決するために必要な資質・能力を養う。

　①読み物教材の登場人物への自我関与が中心の学習は、深い教材分析をもとにしてこそ、多様な授業展開が可能になります。本著では、このような授業の在り方を中心にして、Ⅲ章で詳しく論じていきます。

　②問題解決的な学習は、このたびの指導方法の改善の一つの核になっています。このタイプの発問の中には、課題を明確化するよさもありますが、同時に問題解決的な学習で、本当に問題解決できるのかという大きな課題もありますので、本章の第3節でそのことについて述べます。

　③道徳的行為に関する体験的な学習では、その例として、役割演技が挙げられていますが、その有効な活用のためには工夫が必要です。そこで、本章の第5節でそのことについて述べます。また、学校現場では、役割演技と動作化の区別があまりついていないため、何かの役になって演技をすれば役割演技と考えているという実態もあります。これは、区別して考える必要があります。また、役割演技は、導入で活用する場合、葛藤場面の前で活用する場合、感動の出会いの場面で使う場合で、その有効性が変わってきます。その点についても押さえておく必要があります。

　上記の表の間に、文部科学省が表した道徳科における質の高い多様な指導方法についてというイメージ図には、①②③の学習の間に実線が引かれて区別されていますが、「柔軟でバランスの取れた指導方法の開発・実践」という多様な指導の方向性の視点から考えると、これら3つの方法を組み合わせるなどの柔軟性が必要であり、点線と考えた方がよいのではないでしょうか。

　さて、小学校低学年の教材（資料）は、一読しただけで善悪がはっきりとわかるものがほとんどですが、学年が上がるにつれて複雑になり、特に中学校の資料になると、善の中にある悪・悪の中にある善を見るような複眼的なことが求められるものがあります。これまでの授業でも、よい授業では、読み物教材（資料）を使っても、考える授業になっていました

し、よい中心発問は、「テーマ発問」にもつながっているものもありました。
しかし、すべての発問を「テーマ発問」にすればいのかといえば、それは、
また違います。

2 「テーマ発問」による授業改善とその課題

　登場人物の心情理解のみで終始するような指導の課題は、これまでも多
くの研究者や教育実践者から指摘されていました。永田繁雄[1]は、主人公
の気持ちを共感的に追いかけるだけの形骸化した道徳授業の改革として
「テーマ発問」を提唱しました。永田繁雄は、これまで多く行われていた、
資料中のある場面に即して、登場人物の心情や判断、行為の理由などを問
うたり、気付きを明らかにするような発問を、「場面発問」と呼び、それ
に対して、資料の主題やテーマそのものに関わって、それを掘り下げたり、
追求したりする発問を「テーマ発問」と呼んで、授業改革の一環として後
者を推奨しました。具体的には、次のような発問です。

「～には、どんな意味があるのか。」
「○○が、大切にしていることは何だろう。」
「～は、どんなことが問題なのか。」

　このような発問は、これまでの授業でも、課題をつかむ場面や、中心発
問として使われることがありました。テーマ発問には、次のような特色が
見られます。

① 主人公の気持ちではなく、子ども自身の考えを問うことが多い。
② 子どもの生き方につながる考えが直接語られることが多い。
③ 資料の一場面ではなく、資料や話の全体に着眼することが多い。
④ 授業や資料の持つ主題（問題）に直接係わる発問が多い。

　さて、道徳授業の発問には、大きい発問と小さい発問があります。

小	①登場人物やその行動を問う（資料を把握・確認するための補助発問）
	②場面を問う（主人公の気持ちや行為の理由など）
	③人物を問う（主人公の生き方など）
	④資料を問う（資料の意味や持ち味など）
大	⑤価値を問う（主題となる価値や内容など）

　もしも、「テーマ発問」のような人物・資料・価値そのものを問うような③〜⑤のような大きい発問ばかりで授業が構成されると、発問の抽象度が高いために、高い道徳的課題について考えるためのよりどころとなる経験が少ない子どもや、読み物の内容を十分に理解していない子どもや、低学年の子どもにとっては、かなり難しいと考えられます。その結果、どうしても学級の中で挙手して答えられる子どもの比率が低くなってきます。そういう発問は、ペア学習や班での話し合いを採り入れることによって改善されることも考えられますが、資料の特質を生かした場面発問やそれより小さい補助発問をベースにしながら、導入の発問、課題をつかむところでの発問、中心発問において必要に応じて「テーマ発問」を採り入れることが全員参加のわかる授業、より深く考える授業のためには有効であると考えます。また、

　「本当の親切とは何でしょうか。」

　「本当の自由とは何でしょうか。」

といった導入発問で授業を始めると、子どもはこれまで経験してきた親切にしたりされたりしたことや、これが自由だと感じたことを発表するでしょうが、これを一つずつ問い直していくような授業展開をすれば、教材（資料）はなくてもよいということになってしまいます。このような問いかけ（発問ではない）は、本時のねらいを確認するときに使う方が有効です。また、教材（資料）を通して道徳的価値について考えを深めた後で、このような発問をすることが効果的です。

❸　問題解決的な学習で本当に問題は解決するか

　また、学習指導要領の一部改訂では、「考え、議論する」道徳授業として、

問題解決的な学習が注目されていますが、この問題解決という言葉を「生活上の問題解決」と短絡的に捉えないことが大切です。かつて、私が「ふりだした雨」の授業を参観したときのことです。

教材（資料）「ふりだした雨」あらすじ

> 　雨が降りそうだと、下校を急いでいたところ、にわとり小屋の掃除を思い出したせいちゃんが、帰ってしまった二人の友達の言動に迷いながらも、おなかをすかせたにわとりのことを思って、一人学校に戻って世話をします。

　この授業者は、日頃より各教科の指導においても問題解決学習にこだわっていましたが、この授業の中心発問で、
「こんなとき、せいちゃんはどうしたらよいでしょう。」
と聞いたところ、ある子どもが、
「一度家に帰って、かさを持って学校に行ったら、雨にもぬれないし、えさやりもできる。」
と答えました。ところが、学級全体がその考えになびいて、そこで学級全体の思考が停止してしまいました。
　確かに日常生活上の問題解決ならば、そのような対処の仕方が理にかなった行動でありましょう。しかし、このような発問では、価値を自覚することよりも、生活上の問題への対処の仕方の方に目が向いてしまい、廊下を走らないようにするためにはどうすればよいのか、雨の日の遊びはどうしたらよいのかと同じような学級活動的・生活指導的な展開になってしまいます。同様の考え方で教材（資料）「手品師」を取り扱えば、問題解決的発問として、
「こんなとき、手品師はどうしたらよいでしょう。」
「あなたが手品師なら、どうしますか。」
と、尋ねると、子どもは、どうすれば、手品師は長年の夢である大劇場にも出演できて、しかも男の子との約束も守れるかということが両立する方法を考えるような授業展開になってしまいます。これでは、この教材（資

料）の持ち味を活かすことはできません。

　小学校学習指導要領解説には、5　問題解決的な学習など多様な方法を取り入れた指導の項の冒頭に　(1)問題解決的な学習の工夫として、道徳科における問題とは道徳的価値に根差した問題であり、単なる日常生活の諸事象とは異なる。と明記してあります。

　それならば、犬が好きか猫が好きかといった個人の好みの問題や、どうしたら給食の割れ食器を減らすことができるかといった給食指導上・生活指導上の問題は、道徳科（道徳の時間）で扱う問題とは言えません。

　柴原弘志[2]は、道徳科における問題の例として、次の4つを挙げています。
① 　道徳的価値が実現されていないことに起因する問題（必要な道徳的価値への気づきが欠けている問題等を含む）
② 　道徳的価値についての理解の不十分さに起因する問題
③ 　道徳的価値を実現しようとする自分とそうできない自分とが葛藤する問題
④ 　複数の道徳的価値のどちらを優先すべきかという問題

　そのような考えに基づいて考えれば、これまでに使われてきた教材（資料）のかなりのものが、この4つの問題のどれかを含んでおり、また、「問題解決的学習」という用語を使っていなくても、そのような問題に焦点を当てて問いかけるような授業が行われてきたことにも気付きます。柴原弘志が指摘したような分類の視点で教材（資料）を挙げると下記のようです。

① 「かぼちゃのつる」（低）「どんどん橋のできごと」「雨のバスていりゅうしょで」（中）
② 「なかよしだから」「お母さんのせいきゅうしょ」（中）「うばわれた自由」（高）
③ 「月の峰のおおかみ」（中）「多かったおつり」（高）
④ いわゆる「モラルジレンマ資料」

また、今後このような視点で教材（資料）を読み解いていくことが、授業改善に資することになると考えます。

問題解決型の道徳学習こそが実効性があることを強く提唱する柳沼良太・竹井秀文[3]は、その特徴を次のように述べています。

① 子どもの道徳的な問題解決能力を育む点

② 子どもの道徳的な思考、感情、行為を調和的に統合する点

③ 道徳的行為の動機だけでなく結果にも注目する点

④ 問題解決の知識やスキルを教える点

さらに、柳沼良太[4]は、学習指導要領の一部改訂が告示された後、道徳教育に係る評価等の在り方に関する専門家会議・道徳教育の指導の改善に関するヒアリングにおいて、次のような問題解決的な学習による道徳授業の展開事例を挙げています。この問題解決的な学習による授業展開を表にまとめると、次のようになります。

段階		役　割	具 体 的 発 問 例 等
導入		道徳的価値を問う。	「友達がいてよかったなあと思うのはどんな時？」 「あなたにとって、思いやりとは？」 「自由とは何だろう？」
展開	前段	道徳的問題の状況を分析してそれをもとにして、複数の解決策を自由に構想させる。	「ここでは何が問題になっていますか。」 「何と何で迷っていますか。」 「どうしたらよいだろう。」
	後段	ペア、グループ、学級全体で話し合ったり、シミュレーションさせたりする。	・自己の考えを発表する。 ・自分の生き方を交流する ・身近や類似の問題に汎用する。
終末		道徳的問題の結論をまとめる。	「今日の授業でどんなことを学びましたか。」

また、このような授業における重要事項として

① 多面的・多角的に考える。

② 対立する価値観を比較する。

③ 道徳の行為や習慣への指導

の3点を挙げています。そして、これらを実践するには、主体的、協働的な学習であるアクティブ・ラーニングが効果的だと指摘しています。具体的には、主人公の気持ちになって、教師と子どもが一緒に考えるカンファレンス（相互評価）が必要であると述べています。これらの発問の中には、人物の道徳的行動をシミュレーションさせるようなこれまでの道徳授業であまりなされていなかった斬新なものもあります。いわゆる葛藤教材（資料）においては、このような授業理論も採り入れながら授業を構築していくことを考えるべきでしょう。また、「主人公は、何と何で迷っていますか。」といった発問は、主人公の迷いが描かれている場合には、子どもの問題意識を明確にするためによい発問であると考えます。しかし、「ここでは何が問題になっていますか。」という発問は、特に低学年の児童にとっては漠然とした発問であり、初めて接する教材（資料）の中で何が問題であるかを見つけることが難しいこともあるでしょう。また、学年が進んでも、教材（資料）中に問題が複数あって、児童がそれらを列挙した場合、それらを焦点化することに多くの時間を割くことになってしまうこともあるでしょう。

　また、いわゆる子どもが主人公の生きざまに感動することを主眼とした感動教材（資料）には、この方法はあまり向いているとは考えられません。なお、アクティブ・ラーニングは、「能動的学修」と訳すべきであり、これまでも小学校においては目新しいことではなく、意識して行われていた指導方法です。また、アクティブ・ラーニングは、実際に小学校の教科・領域では生活科や総合的な学習の時間はもとより、各教科で既に日常的に行われています。道徳の時間においては、討議形式で進めたり、ペアやグループによる話し合いを取り入れたりするなどの工夫も行っています。また、ネームプレートの活用や、同じ考えをもつ子ども同士が集まるように座席の移動を行うなど一人一人の立場を明確にした話し合いを行うこともあります。さらに、役割演技や動作化、ペープサートといった体験的な学習を取り入れていることもあります。従って、アクティブ・ラーニングは、小学校においては、教師対子どもの問答だけによって進められる授業の改

善と受け止めるべきであり、むしろ中学校以上の学校において教師主導型の授業を改善するために提唱すべき考え方です。

柳沼良太[4]は、さらに、発問についても大胆な提言をしています。これまで、道徳の授業で発言と行動の乖離が生じやすいという理由で使わないほうがよいとされてきた

「こんなとき、あなたなら、どうしますか。」

という発問を積極的に採り入れています。言い換えれば、教材の登場人物を自分に置き換え理解することです。

さて、このような発問を、いじめの場面を例にして考えれば、

「このようなとき、あなたなら、どうしますか。」

という発問を、いじめ問題が起きていない学級において考えさせるのは想像力を高めることを通して規範意識を育むという意味において一定有効でしょうが、現実にいじめ問題が起きている学級において、その解決のために行うのには問題があります。学級がこのような状況に陥った場合、子どもは、そのような学級内に人間関係に引きづられて、決してホンネを語りません。よいとわかっていても注意できず、悪いとわかっていても力関係でやってしまうところに、いじめ問題解決の難しさがあります。また、ナチス・ドイツの迫害から逃れてきた難民にビザ発給を続けた外交官、杉原千畝を取り上げた「命のビザ」の授業で、単に「偉い」という感想にとどまらず、「あなたは同じことができますか」と問いかける授業をした教師がいたそうです。しかし、「できる。」と言った子どもが道徳的に高い子どもで、「できない。」と言った子どもは道徳的に低い子どもなのでしょうか。また、実際にそのような場に立たされて、決断を迫られたときその通りできるでしょうか。このような発問自体が、子どもを無理やりに選択や決断を迫って問い詰めるだけの発問になることを危惧します。道徳授業の即効性をあまり求めすぎてはいけません。問題解決と言えば、必ず答えを出さなければならないというように教師は思いがちですが、道徳においては解決に向けて１時間の授業で合意形成することを目的とするような時間ではないということを、教師がしっかり認識することが重要です。

問題解決的な授業展開では、むしろ、いろいろな矛盾・対立に気付かせることが大切です。私たちの生活はいろいろな矛盾・対立に満ちています。例えば、「廊下は右側を静かに歩くべきだ。」という価値と、「すぐに廊下を走ってしまう僕。」という事実が矛盾・対立することがあります。また、「嘘を言うべきでない。」という価値と、「人の秘密は黙っておいてやるべきだ。」という価値が矛盾・対立することもあります。「リーダーは、かっこいいのでやってみたい。」という事実と、「リーダーは、責任が重く辛い。」という事実が矛盾・対立することもあるのです。

　このような「価値と事実」「価値と価値」「事実と事実」の間の矛盾・対立を明確に浮き彫りにすることを、私は異なった考えのぶつかり合いととらえており、それに焦点を当てて授業を進めることが、より高い考えをつかむに至るきっかけになり、問題解決的な学習にもつながるのではないかと考えます。

　最近、問題解決的な学習を採り入れた授業を参観したり、実践事例の文書情報を目にしたりする機会が増えてきましたが、特に問題解決の発問に対する子どもの発言は、教材（資料）を通しての気付きなのか、それとも子ども同士の話し合いの結果なのか、これまでの経験知をもとにした発言なのか、授業を参観しただけでは区別できませんでした。また、教材（資料）のタイプによって、この指導方法が有効であるかどうかは変わってきます。問題解決的な学習が問題解決に直結すると短絡的に考えないことが大切です。

4 アクティブ・ラーニングの流れに乗った授業を問い直す

　「アクティブ・ラーニング」は、先行き不透明なこれからの社会において必要とされる学習方法と言われています。この言葉は、そのまま使われるだけでなく、いろいろな日本語訳がされていますが、「能動的学修」と訳すのが適切ではないかと考えます。そこでは、問題発見・解決を主体的、協働的に行っていくことが求められています。ところで、生活科や、総合的な学習の導入以来、小学校ではアクティブ・ラーニングを当たり前のよ

うに行ってきました。しかし、活発に話し合いが行われているからといって子どもの理解が深まっているとは限りません。戦後の一時期にも『経験主義』が掲げられましたが、活発に動くこと自体が目的化してしまい、それは、"はいまわる経験主義"と揶揄されるようになりましたました。今回も教師がアクティブ・ラーニングという言葉のイメージに引きづられて浮き足立つようになると、はいまわるだけのアクティブ・ラーニングになってしまう可能性があり、心配しています。大切なことは、思考を活性化させることです。

　そのようなアクティブ・ラーニングの考えに基づく道徳授業として紹介されたものの一つに、田中博之[5]が提唱する「道徳ワークショップ」があります。その一例として、小学3年生の「しゅくだいはなぜするの？」というのがあります。その授業のねらいは、

　「家庭で宿題をやり遂げる習慣を身に着けるためにはどのような心（道徳心）を持つことができればよいかを友達と協力して考えることができる。」
というものです。このような本時のねらいは、努力や創意工夫や継続についての考えを深めるような従来の道徳授業のねらいと大きく異なるものです。しかし、このようなねらいでは、ある価値について考えを深めるものではなく、いろいろな考えがあって、それらはみんなよいということになります。言い換えれば、既に身についている考えを出し合い、友達との意見の異同を知ることだけが発見ということになります。また、授業の過程は、自分の心の分析➡道徳ワークショップ➡日常の行動の記録（一週間）➡振り返りと行動化への決意ということになっていますが、それは、より高い価値への気付きになるとは言えません。学習活動そのものに意義があるということもできましょうが、子どもによっては、新たな発見のない、「活動あって学習のない授業」「必ず宿題をするように決意表明させられる押し付け授業」になることもあるでしょう。

　さて、宿題だけでなく家庭学習が大事であることは当然のことなのですが、宿題が必要なわけを考えることは、広義の道徳教育の課題であっても、道徳科（道徳授業）で考えるような課題ではないと考えます。これらは、

低学年においては習慣として身につけるべきものであり、学年が進むにつれて、日々の学習指導の一環として指導すべきものです。

　宿題を含む家庭学習が必要な理由は、大きく次の二つです。第一は、これから求められる学力を育むには、授業と家庭学習、学校と家庭の相乗効果が大切になるためです。第二は、子どもが自ら学ぶ習慣をつけるためです。もちろん、日々の学校における授業をよくわかる楽しいものにすることは必要です。しかし、それを教室の中だけでなく、学んだことと実生活との結び付きを考えたり、学んだことが日常生活でどう生かされるのかを体験したりするなどの、家庭での学習と結びつけることで、子どもはさらに伸びます。このことは、学習指導要領にもはっきりと示されています。

　子どもは幼いうちは、親や教師に教えられて学ぶことが多いのですが、最終的に、勉強は自分一人でしていくものです。どこかの段階でその姿勢を身に付けなくてはなりません。しかし、授業だけでは時間に限りがあり、自ら学習する習慣を育むために、宿題を含む家庭学習は大切なのです。自ら学ぶ学習習慣がなければ、教師や親などの家族、あるいは塾などの習い事の先生から言われたことを他律的にこなすだけの子どもになってしまいます。このような学習習慣の形成は、道徳授業で扱う問題とは言い難いと考えます。

　また、中学校の事例として、「心の関係図をつくろう」というのもありますが、これとても、学習活動そのものはアクティブでありますが、新たな発見はないかもしれませんし、よいとわかっていてもできないのはなぜかという問いに答えることはできません。求められるのは、思考や心がアクティブになることであって、道徳授業の中でアクティブな活動をすればそれでよいというものではありません。

5　求められる多様な授業展開と役割演技

　道徳科（道徳授業）における子どもがする学習活動は、「聞く」を除けば、「話し合い・ディベート」、「書く」、「役割演技（ロールプレイング）」が考えられます。学習方法は、その長所・短所を知り、また、教材（資料）・学年・

学級の実態によって適切に組み合わせて使うべきです。

「話し合い・ディベート」には、友達の考えとどこが同じでどこが違うかを知り、自分の考えを高めるという長所がある一方、発言力のある子どもの意見が強くなったり、相手の論理をつぶしたりするための論争になりやすいという短所があります。また、子どもによっては自分の初発の考えにこだわる傾向も見られます。そういうことを踏まえて授業を進める必要があります。またペアや小集団による話し合いは、意見交流を活性化することもできますが、最終的には多数決ではなく、個人の感情の納得のいく理解につなげることが大切です。

「書く」には、深く考えさせ、全員参加できるという長所がある一方、こうあるべきだというタテマエ意識が先行しやすいという短所があります。また、小学校低学年では自分の想いを十分表現できないこともあります。しかし、吹き出しを用意してそこにセリフや想いを書かせるなどの工夫によって書くことに対する抵抗感をとることも可能です。

「役割演技（ロールプレイングの邦訳)」の有効性（よさ）をまとめると次のようになります[6]。

①動作を伴わせることで、具体的な問題を自然に浮きぼりにし、演ずる方も観客も問題を具体的に体感することができます。

②演技者と観客の役割交代が容易にできます。これは演技者も観客も現実の問題を自分の問題として客観的に見ることができます。

③そこで行われる応答は瞬時に行わなければなりません。従ってその発言は自分の生活的背景や過去の経験をもとにしたものとなります。

④役割演技は楽しいので、雰囲気をやわらげながら自己を出すことができます。

このような長所がある一方、面白半分の反応が出る可能性があります。また、前にやった人やグループと違ったことをしようとするために、ただの演技をしていることもあります。低学年では役割演技であっても、学年が上がるにつれて役割を取得したり、その役割になって話したりできると

ころまで高めていくことが求められます。さらに、役割演技は、動作化と区別することが大切です。登場人物や私たちがその後どうするかわからないので、役割演技をさせることが有効なのです。役割演技は、いろいろな対応の仕方があって、その違いを通して子どもは学習するのですが、子どもが教材（資料）のストーリーをすでに知っていたり、教材（資料）を最後まで与えたりした場合には、一通りの行動しか出てこない場合があります。どうするか既にわかっていることをそのまま身体表現するならば、それは動作化になります。改訂された学習指導要領の中には、<u>道徳的行為に関する体験的な学習等を適切に採り入れるなど、指導方法を工夫すること</u>という一節があり、その一例として役割演技が記載されていますが、役割演技を授業のどの部分で採り入れることが有効であるかを考えなければなりません。また、動作化も併せ、この方法は日頃から授業で活用していないと、子どもは急にはできません。例えば、気持ちのよいあいさつについて、道徳科（道徳授業）において具体的に動作化させても、それをもとにしてその行為の意義を考えさせることにこそ意義があるでしょう。さらに、学級におけるあいさつの指導や児童会のあいさつ運動のように一般的にスキルを教えることは特別活動等で行うように棲み分けをするべきだと思います。

　また、役割演技は、①導入で活用する場合、②葛藤場面の前で活用する場合、③感動の出会いの場面で使う場合で、その有効性が変わってきます。その点についても押さえておく必要があります。

　「①導入で活用する場合」は、導入で出てきた役割演技が、教材（資料）の人物の行動につながっている場合効果的です。

　「②葛藤場面の前で活用する場合」には、教材（資料）のストーリーを読んでいなくて、人物の行動を知らない場合に有効です。また、最近では役割演技を採り入れることを前提にして、公園で忘れ物のゲーム機を見つけたときどうするかを考える「どうしよう」（日本標準 3年副読本）のように、葛藤場面の前までだけが描かれている教材（資料）もあります。

　「二わのことり」や「ぐみの木と小とり」のように、「③登場人物の感動の

出会いの場面で使う場合」には、教材（資料）を読んでいて、人物の行動が
どうなるかを知っていても、自分の言葉で話せば、ある程度効果があります。

　このようなことをまとめると、次の表のようになります。

方　法	長　　　所	短所・陥りやすい傾向
話し合い ディベート	自分の考えと友達の考えの異同がわかり、考えを高められる。	相手の論理を潰すためのゲーム的論争になりやすい。
書く	深く考えさせ、全員参加できる。吹き出しなどの工夫ができる。	タテマエ意識が先行しやすく、実践との差ができやすい。
役割演技 （ロールプレイング）	ナマの反応が出やすい。役割交換で相手の立場の理解ができる。	面白半分の反応が出やすく、現実の反応との差がみられる。 ストーリーを知っている場合、動作化になる。

　このことから、どんな指導方法にも必ず長所・短所（陥りやすい傾向）
があり、授業のワンパターン化はマンネリにつながり、子どもの関心・意
欲をそいでしまいます。方法を学ぶことは大切ですが、方法は目的にはな
りえません。これは、他の教科も同じことで、方法の虜（とりこ）になっ
てはいけません。
　また、「考え、議論する道徳授業」にするためには、活発な意見交流の
ための手立てを講じることが求められます。できるだけ多くの児童の発表
を促すためには、次のようなことが求められます。
　① 　普段から道徳には唯一の正解はないことを知らせること。他の教科
　　　の授業で活躍しない子どもが道徳授業では大活躍することがあります。
　② 　書いたものをもとに発表させると、多くの児童の発表を引き出せま
　　　す。（事前に机間巡視して、声掛けしておくことが大切です。）
　③ 　ペアや班で話し合って、どんな意見が出たか発表させます。そのと
　　　きに、まだ発表していない児童を指名することも有効です。
　④ 　日頃より各教科でも教師と子どものピンポン型授業から、子ども同
　　　士が意見を交換するバスケットボール型授業への転換を図ることが求
　　　められます。（教師は、「今の意見について、どう思いますか。」とい
　　　う発問を子どもに投げかけ、高学年では児童間で指名ができるように

導くことが有効です。）

⑤ 「登場人物は誰ですか。」といった補助発問は、道徳の授業の本質で
はありませんが、全員発表につながります。

さらに、今後教科書が登場したときの道徳授業を考えれば、家庭で教科
書を読んでくる子どももいますから、葛藤場面の直前でストーリーの続き
を予想して、それをもとに考えるような授業展開はしにくくなってきます。
かつて私は、多くの授業において資料を２つあるいはそれ以上に切って与
えて授業を進めていました。今後も、紙芝居化した教材（資料）や視聴覚
教材（資料）、教師が教材（資料）を握っていて、子どもが教材（資料）
を知らない場合には、葛藤場面の前で教材（資料）を切って、その後の主
人公の行動とその理由を考えさせるような展開が可能であり、また、それ
が効果的なこともありますが、教科書に掲載された教材を使う場合には、
その手法は効果的ではありません。このようなことを言う理由は、かつて
私が校長をしていた頃に１年生の２つの学級で紙芝居の「はしの上のおお
かみ」を使って授業をしたときの経験があるからです。おおかみが一本橋
の上でくまと出会う場面で紙芝居を止めて、おおかみとくまの行動を役割
演技させたところ、１組では押し合い相撲をするなど多様な行動が出て来
たのに、２組では何回やらせてもくまがおおかみを抱いて渡す行動しか出
ないのです。子どもにその理由を尋ねてみたところ、

「入学式が終わった後、６年生のお兄さん、お姉さんが紙芝居をしてく
れた。」

とのことです。同時間帯、私は入学式場で保護者を相手にお話をしていま
した。２組の授業は、おおかみの行動の変容とその理由を問うことで続け
ることができましたが、子どもが教材（資料）のストーリーを知っている
場合には、違う授業展開が必要であることを痛感しました。

6 教科書配布と道徳授業

そのようなことをふまえて、教科書が配布されたときには、読み物教材

（資料）を使う場合は、通読してから発問することがこれからの授業のスタンダードになってくることでしょう。もちろん、視聴覚教材（資料）や教科書以外の教材（資料）を使うこともあるでしょうが、だからこそ、たとえ子どもが教材（資料）のストーリーを知っていても、教師のより深い読みから出る発問によって、子どもが深く考え、新たな発見や気付きのあるような授業をめざすべきであると考えます。例えば、

「もし、○○(登場人物)が〜していたら、どうなりますか。」

「もし、○○(登場人物)が〜していなかったら、どうなりますか。」

といったストーリーに描かれていない展開を考える発問は、未来を具体的に想像するシミュレーション力を高めることができます。

そこで、浜田廣介原作で道徳の教材として各学年でよく使われる「ないた赤おに」における発問をこれまで行われてきた道徳授業における実践例をもとにして、国語の心情読みにおける典型的な発問（場面発問の一つでもあり、道徳授業において使ってはいけないという意味ではありません。）と、道徳授業の典型的な発問（①行動の理由を問う発問　②ものに添えられている心を問う発問　③友情という価値について問う）の違いを下記の表のようにまとめてみました。

国語の心情読みの典型的な発問	道徳授業の典型的な発問
「赤鬼は、立札をこわすとき、どんな気持ちだったでしょう。」 「『もっとぽかぽかなぐるのさ。』と言われた赤鬼は、どんなことを思いながら青鬼を段ったでしょう。」 「赤鬼は、青鬼の手紙を読んで泣きながら、どんなことを思って（考えて）いたでしょう。」	「赤鬼は、どうして立札をこわしたのでしょう。」……① 「赤鬼は、どうして泣いたのでしょう。」……① 「青鬼は、手紙にどんな想いをこめて書いたのでしょう。」……② 「赤鬼にとって、青鬼は、どんな友達でしょう。」……③ 「赤鬼と青鬼の間に友情はあるのでしょうか。」……③ 「青鬼は、赤鬼にとってよい友達と言えるでしょうか。」……③

このように、発問づくりの原則を押さえて授業を構築していくことが大

切です。

　行動を支える心を問うこと（考えが変化した理由）を中心発問や基本発問に据えると有効である有名な教材（資料）や、ものや言葉に添えられている心を問う有名な教材（資料）を表にすると次のようになります。

	行動を支える心を問う教材（資料）	ものや言葉に添えられている心を問う教材（資料）
低	「はしのうえのおおかみ」 「二わのことり」 「ぐみの木と小とり」 「黄色いベンチ」	「くりのみ」 「ぞうさんとおともだち」 「きつねとぶどう」 「ぐみの木と小とり」
中	「ないた赤おに」 「まどガラスと魚」 「絵はがきと切手」 「月の峰のおおかみ」 「ヒキガエルとロバ」	「ないた赤おに」 「一さつのおくりもの」 「お母さんのせいきゅう書」 （ブラッドレーのせいきゅう書）
高	「ロレンゾの友達」 「すれちがい」 「くずれ落ちたダンボール箱」 「ブランコ乗りとピエロ」 「青の洞門」	「銀の燭台」 「ひとふみ十年」 「最後の一葉」 「最後のおくり物」 「友のしょうぞう画」

　さて、価値そのものについて尋ねることができるかどうかは、教材（資料）によっても学年によっても違ってきます。「おおかみがきた」で、「うそは、どんなところがこわいでしょう。」という発問は、低学年の子どもでも答えられるでしょうが、「ないた赤おに」の「赤鬼にとって、青鬼は、どんな友達でしょう。」という発問は、低学年の子どもにはせいぜい「大切な友達」「やさしい友達」ぐらいしか返ってこないのでしょう。このような発問は、むしろ高学年向きの発問と言えましょう。

　それ以外にも、次のような視点から中心発問をつくると、教材（資料）の本質に迫り、新しい発見のできる道徳授業を構築することができます。なお、①～③は現象とその理由を問うものであり、④は道徳的価値に対する主人公に生じた状況、⑤は内面の変化、⑥は抽象的価値についての考察

というように、教材分析の基準とは異なりますが、中心発問づくりの手引きとしては有効です。

たとえ、子どもが、それまでに教材（資料）を読んでいて、作品のあらすじを知っていたりしても、次のような視点でものを考えたことはないと考えられます。このようなことができるためには、子どもの読みの深さを超える教師の読みの深さが求められます。

① 失敗の理由
② 涙の理由
③ ごほうびの理由
④ 失ったものと失わなかったもの（得たものと失ったもの）
⑤ 主人公の気付き
⑥ 本当の○○とは

これら①～⑥は、基準は異なりますが、中心発問づくりの手引きとしては有効なもので、一覧表にすると、次のようです。

中心発問で問う視点	教材（資料）名
①失敗の理由	「かぼちゃのつる」「おおかみがきた」(低)「ロバを売りに行く親子」(中)
②涙の理由	「くりのみ」「ぐみの木と小とり」「森のともだち」(低)「どんどん橋のできごと」「新次のしょうぎ」(中)「はじめてのアンカー」(高)
③ごほうびの理由	「金のおの」(低)「『正直』五十円分」「正直エイブ」(中)
④失ったものと失わなかったもの（得たものと失ったもの）	「手品師」「杉原千畝」(高)
⑤主人公の気付き	「ふしぎな音」(低)「ぼくの生まれた日」「心と心のあく手」(中)「うばわれた自由」(高)
⑥本当の○○とは	「よわむし太郎」(中)「本当の勇気とは」「心と心のあく手」(中)「本当の親切とは」「ロレンゾの友達」(高)「本当の友達とは」

なお、この発問の中には、「テーマ発問」に通じるものもあります。これまでに蓄積してきた道徳授業の成果をふまえながら、教材（資料）の特質に応じて、中心発問に大きい発問や、問題解決的な発問を適宜取り入れていくことが、授業改善につながります。

(参考・引用文献)

1．永田繁雄(2014) 道徳授業の発問を変える「テーマ発問」とは　月刊誌「道徳教育」
　　8月号　4～6　明治図書
2．柴原弘志(2015) 道徳授業における「問題解決的な学習」とは何か　月刊誌「道徳
　　教育」9月号　4～7　明治図書
3．柳沼良太・竹井秀文(2005)『問題解決型の道徳授業の理論と実践』岐阜大学教育
　　学部研究報告　教育実践研究　第7巻　245～254　岐阜大学教育学部
4．柳沼良太(2015) 問題解決的な学習を導入した道徳授業　多様で効果的な指導と評
　　価の在り方～　道徳教育に係る評価の在り方に関する専門家会議(第2回)　配付
　　資料　文部科学省ホームページ
5．田中博之(2016)「アクティブ・ラーニング実践の手引き―各教科等で取り組む「主
　　体的・協働的な学び」　教育開発研究所
6．安松丞治(1981)「楽しさ体験」によるゆとりと充実のある学習　道徳　大阪教育
　　大学教育学部附属池田小学校研究紀要　104～106

Ⅲ　道徳科の授業で大切にしたいこと

1　道徳教育と道徳科ですることのちがい

　道徳教育が、学校教育全体で行われることは、戦後一貫しており、今回の学習指導要領の一部改訂が行われても変わりません。ところで、学校全体で行われる道徳教育と、道徳科（道徳授業）は関連づけて行うことが大切ですが、それぞれの教育活動において行うことや学ぶことは分けて考えることが必要です。それらをまとめると、下の表のようになります。

学校教育全体で行う道徳教育	道徳科にする（学ぶ）こと
	〔教材(資料)を通して〕
・してよいことと、悪いことを教える。⇔	・なぜ、よいのか。（悪いのか。）
・自然・文学・音楽・美術作品等美しいものにふれる。	・よいと知っていても、できないのはなぜか。
・係活動・班活動・体育のチーム・合唱・合奏等で助け合う。	・悪いと知っていても、してしまうのはなぜか。
・下級生を世話する。動物を飼育したり、植物を栽培したりする。	・どうして、こんな失敗をしたのか。
・各教科のいろいろな課題を創意工夫して粘り強く解決する。	・主人公が変わったのはなぜか。
・あいさつ運動によるあいさつの奨励。	・○○とは？（本当の友情とは？　これは、親切と言えるか？）
・家庭でのお手伝いを勧める。	・どうして、こんな規則があるのだろうか。
・郷土・国・世界の文化に親しむ。	
意識して指導しないと道徳教育にならない。	**価値理解を通して自己理解・他者理解・人間理解へ**

　従って、道徳的な内容を含みもつ本や紙芝居の読み聞かせのような教育活動は、学校教育全体で行う道徳教育にはなりますが、道徳科の授業（道徳授業）にはなりません。また、道徳的な内容を含んだテレビ番組を視聴するだけでも、その後番組に描かれた価値についての話し合い活動等がなければ、道徳科の授業とは言えません。しかし、これまでそのような見せるだけのNHK Eテレの番組活用が多かったのではないでしょうか。

2 「基本型」の型破り

　昭和33(1958)年に、道徳の時間が特設されたときに、当時の文部省は、教職員団体の反対運動の中、道徳の時間は戦前の修身の復活ではない新たな教育活動であることを周知させることによって広めていきました。具体的な授業展開では、次の表の左側のように、先ず自分の生活を見つめて課題を見つけ、次に資料によって価値観を高め、最後に再び自分の生活に返すことによって子どもを高めるという指導過程です。そこには、生活改善をめざすという問題解決的な考え方もありました。

　さらに、昭和の終わりから平成の初めにかけて文部省の教科調査官・視学官であった瀬戸真は、それを継承発展させて、次の表の右側のように、全国どのような地域の学校でもできるような道徳授業の基本型を提唱しました[1]。

道徳の時間の展開

段階	指導過程
導入	生活(自分)
展開	資料
終末	生活(自分)

道徳の授業展開の基本型

段階(時間)		役　　　割
導入(5分)		ねらいとする価値への方向づけを図る。
展開	前段(25分)	資料を通して、今までの価値観を高める。
	後段(10分)	高められた価値観に照らして、自己を見つめる。
終末(5分)		ねらいとする価値について印象づける。

　「基本型」という用語は、学習指導要領に記載されていませんが、長年にわたって日本の道徳授業のスタンダードとして多くの地域で広まり、それに基づいた授業実践が数多く行われてきました。副読本の指導書にもこの「基本型」に準拠して書かれているものが多く見られます。この指導方法に基づいて授業を行えば、誰でも確かな授業ができるという長所があります。だから、初心者は、これを学んでおいたほうがよいでしょう。それなりの授業ができます。ところが、毎回このパターンの授業を行えば、授業の停滞化・マンネリ化、場合によっては硬直化・形骸化にもつながって

いきます。また、教材（資料）・教師・子どもの個性が生かされにくいという課題もあります。時間もおよその時間であって、この時間を厳守する必要はないと考えます。さらに、展開後段は必要か不要かという課題については、この指導方法の本質にかかわる大きな課題なので、項を改めて述べていきたいと思います。それと同時に、瀬戸真は、遠足の直前に道徳の時間で公共心・公徳心について学んで遠足における行動を変容させようとするような、学校行事等の特別活動と道徳の時間の「セット化」の授業を否定しました。それ以後約30年の日本の道徳授業は、この「基本型」を中心に展開してきました。

　次の教科調査官であった押谷由夫は、その指導理念を継承しながらも、道徳の時間と教科や他の領域の教育活動との関連性をより重視したカリキュラム経営的な発想による総合単元的道徳学習を提唱しました。この考えは、むしろ遠足と公共心・公徳心を積極的に関連付けて指導することを望ましいとするものです。

　一方、そのような文部（文部科学）省の提唱する授業理論の潮流とは別に、フィクションの読み物資料を共感的に理解するだけでは子どもの意欲がわきにくいとして、ノンフィクションの様々な素材や題材を子どもに与えて、それをもとに考えさせることこそが有効であると主張する研究グループや、人間の生き方の原理・原則を教えることこそが大事であるという主張をもとにして、授業の法則化をめざした研究グループ等も登場しました。

　さらに、これらの流れとは別に、アメリカの心理学やカウンセリングの手法を取り入れた授業として、コールバーグの道徳性の発達理論を取り入れたモラルジレンマ学習や、グループエンカウンターの話し合いによる価値の明確化を主眼とする道徳授業を提唱する授業理論も登場しました。

　全国的には、ある学者の授業理論をもとに実践するグループや、自作資料の作成とそれに基づく授業を研究するグループなど地域に根ざした研究グループが存在します。それらの授業理論の中には、ある指導方法の弱点を他の指導方法で補うといった補完的な考え方や、折衷的なものもありま

すが、それぞれの授業理論や考え方こそが正しいとして異なる考えを否定する傾向の強い研究グループもあります。また、これらの授業理論は、現在にもつながっている全国的なものと、ある研究グループの間だけで広まったものに分けられます。

　私が道徳授業を研究し始めた昭和の終わり頃は、この「基本型」が提唱された頃でしたが、私は、この基本型を下敷きにしながらも、さらに、導入や終末を創意工夫し、いろいろなタイプの教材（資料）の特性に応じた授業展開はできないだろうかと考えて、研究を進めてきました。また、教師や子どもの持ち味を生かした授業展開を考えてきました。その中で、基本型の考え方だけでは対応できない教材（資料）があり、「型」をふまえながらも授業展開や発問に「型破り」の必要性を感じるようになってきました。歌舞伎俳優の十八代中村勘三郎は、

　「型がある人間が型を破ると『型破り』になり、型がない人間が型を破ったら『形無し』。」

と、言っていますが、まさにその考えをもとにして、授業研究を進めてきました。

　なお、「導入・展開・終末」という授業の流れは、あらゆる教科に共通するものであり、これまでを変える必要はないと考えます。

❸　道徳授業が好きになる導入の工夫[2]

「ざんげの導入」で冷える学級

　「みなさん、これまでに嘘をついたことあるでしょう。さあ、発表してもらいましょう。」

　このような導入が、正直・誠実を主題にした授業で、行われることがあります。30年ぐらい前は、むしろこのような導入の発問が主流でした。その背景には、生活改善をめざすという問題解決的な考え方もありました。生活経験の発表をさせることによって、本時のねらいをはっきりさせようという意図からの発問ですが、こんなことを聞かれた子どもは、どう思うでしょうか。

「そりゃ、あるけど、こんなことみんなの前で言うのいやだなあ・・・」
と思うのではないでしょうか。私は、このような自分のした悪いことを告白させるような導入を「ざんげの導入」と呼んでいます。ところが、道徳の副読本の指導書などを見ますと、最近でこそ減ってはきましたが、まだ相変わらずこの類の導入が残っています。

> 「今まで、きまりを破ったりしたことはありませんか。」（規則尊重）「つい、ごみをポイ捨てしたことはないでしょうか。」（公共心・公徳心）
> 「やっていたことを途中で投げ出してしまったことはないでしょうか。」
> （向上心）

というふうに。
　ところで、このような体験を自慢げに語る子どもがいるかもしれません。しかし、その子どもは本当に自分をしっかりと見つめていると言えるでしょうか。
　また、
　「友達に自分の大切にしているものを壊されたことはありませんか。」
　「友達にイヤなあだ名を言われたことはありませんか。」
などと聞けば、必ず、実名が飛び出してきて,
　「○○君に□□を壊されました。」
　「○○さんに□□□□と言われてイヤでした。」
ということになって、悪いことで実名を挙げられた子どもにとって、たいへん不愉快なスタートになることもあります。このような、人の悪いところを告発するような導入を私は「学級人民裁判の導入」と呼んでいます。実名を挙げられた子どもは、心の中では復讐心が芽生えて、
　「おまえだって、ぼくの○○○を壊したじゃないか。」
　「よし、見てろよ。今度はおまえがした悪いことを言ってやるからな。」
となってしまうかもしれません。
　授業の導入で自分の生活や生きざまを見つめさせることは大切ですが、いわゆるマイナス体験を発表させることで、ねらいに迫ろうというのでは、

子どもが心を閉ざしてしまって、自己を見つめることができないのではないでしょうか。何かをもとに話し合っているうちに、つい自分たちを含め、人間ならだれしもがもっている弱さに気付かせるような導入ができないものでしょうか。また、人間の弱さだけでなく、人間のよさや、ねらいとする価値に目を向けさせるような導入はできないでしょうか。この考え方は、他の教科でも同じことですが、導入は、ただの「興味づけ」であってはいけません。本時のねらいに対する伏線を張ることこそが大切で、そのような導入の工夫をしていきました。ここでは、そのうち代表的な応用可能な8つの導入例を紹介します。

導入の工夫のいろいろ

① 吹き出しや連想ゲームを使って

　それでは、私が今までに開発してきた方法をいくつか紹介しましょう。

　第1は、吹き出しや、連想ゲームを使ったものです。

例えば、「だって、○○君もやってたもん。」

という吹き出しカードを黒板に張って、それをもとに,こんなセリフが出てくる場面や、なぜそのようなセリフがでるのかについて話し合うと、自然な形で人間のだれしもがもっている弱さ（周りにつられて行動したり、言い訳したりする）が浮かび上がり、自主自律を扱った授業への導入に使えます。

吹き出しには、「リーダーは、□□□□□。」のように□□□□□を想像させるようなものもあります。子どもたちは、その言葉を想像していきます。

　「かっこいい。」「なってみたい。」「責任が重い。」「つらい。」

等と挙げていく中で、リーダーのいくつもの側面について考えることができます。そのときには、

　「なぜ、そう思うのですか。」

という追加発問をすることが大切です。

吹き出しに書く言葉は、子どもがよく口にする言葉がよいでしょう。

そのためには教師が普段からよく子どもの言動を観察しておくことが大切になってきます。吹き出しカードのセリフの例は、次のようなものがあり

ます。

> 「こんなきまり、なかったらいいのになあ。」（規則尊重）
> 「おまえのせいで負けたんだぞ。」（信頼・友情）
> 「○○したら、○○くれる?」（勤労や家庭愛）

　また、連想ゲームの形をとって、その言葉から連想する言葉を挙げさせ、そのわけを考えさせることによって、同様の人間の誰しもがもつ弱さに気付かせる方法もあります。例えば、「続かないこと」という言葉をもとに連想させると、しんどいことやつらいことがあると、なかなか続けられない自分を見つめさせることができます。連想ゲームは慣れてくるといきなりやってもいいでしょうが、初めてやる場合には、ウォーミングアップとして「くだもの」や「夏」のような連想しやすいものを最初にもってきて、このゲームのやり方をつかませることが大切です。そうしないと、「続かないこと」から連想する言葉は何も出て来ず、文字通り続かなかったということになりかねません。また、当然出てくる言葉は「ピアノの稽古」「早起き」「日記」といった単語ですので、

　　「なぜ、続かなかったのですか。」

という追加発問が必要になってきます。この場合、教師は、ねらいとする価値の逆価値をもとにセリフや言葉を考えることが大事です。例えば,「寛容」という価値なら「許す」の逆は、「許さない」ですから、「許せないぞ。」というセリフをもとに話し合わせるというふうに考えさせるわけです。この場合の授業研究のポイントは、反価値をさがして、授業で投げ入れるのです。ボクシングでは、リングにタオルを投げ入れますが、道徳の授業では、「ハンカチ(反価値)」を投げ入れるのです。

②　アンケートを使って

　第2は、アンケートを使ったものです。前もって学級で問題用紙を配ってアンケートをとっておき、その結果を表やグラフにして見せて、それをもとに話し合わせるのです。アンケートには、実態調査と意識調査があり

ます。実態調査では行動だけが問われることもありますが、その場合でも必ずその理由を尋ねていくことが大切です。

　さて、アンケートをとって集計するのは時間もかかり面倒ですので、毎週するというわけにはいかないでしょう。そこで、例えば高学年の「勤労」の価値についての授業の導入ならば、入りたい委員会を挙手させて、その数を板書し、そのわけを聞けば、アンケートと同様の効果をもつことになります。

　私が授業を行ったある学級では第一希望の多い委員会のベスト３は「放送委員会」「飼育委員会」「図書委員会」であり、希望の少ない委員会は、「美化委員会」「給食委員会」「飼育委員会」でした。そこで、その理由を尋ねると次のようでした。

（入りたい理由）
「放送委員会」……機械がさわれて、かっこよさそう。
　　　　　　　　　自分の声が全校放送できる。
　　　　　　　　　放送室で給食が食べられる。
「飼育委員会」……生き物が好き。
　　　　　　　　　動物と遊べるので楽しい。
「図書委員会」……本が好き。
　　　　　　　　　本の整理は面白そう。
（入りたくない理由）
「美化委員会」……ゴミ拾いをしなければならない。
「給食委員会」……食器の後始末の悪いところを直すのが汚い。
　　　　　　　　　昼休みに遊べない。
「飼育委員会」……ふんの掃除が臭いのでいや。

　このように、理由を挙げさせる中で、かっこよい楽しそうな仕事は好きでも、手を汚す仕事は嫌いという子どもたちにおける３Ｋ（きつい、汚い、かっこ悪い仕事は嫌い）の実態が浮かび上がってきます。子どもたちは、このアンケートを通して、自分たちの仕事に対する考え方の問題点につい

て考えることができます。

　アンケートは、実態が数字として現れるというよさもあるのですが、一方タテマエ意識が表に表出しやすいという欠点もあります。かつて、私が3年生を担任していたときに、放課後学校のボールを元に戻さず、運動場に放ったらかして下校することが全校的な生活指導上の問題になっていました。そこで、

　「あなたが下校しようとしたら、運動場にボールがいくつも転がっているのを見つけました。さて、こんなとき、あなたはどうしますか。」
と、アンケート用紙に選択肢で記入させたところ、何と、次のような実態と異なる結果が出てきました。

ボール入れに戻しておく	（21）
先生に言いに行く	（10）
ほったらかして下校する	（8）
見なかったことにしておく	（0）

　このような結果が出て、唖然としてしまいました。そこで、授業でこの結果の数字をそのまま子どもに見せたところ、A君の口から、

　「うそや！」
という声が返ってきました。そこで、それを逆手にとって、「うそや！」という言葉をもとにして、授業を進めていったこともあります。

③　役割演技（ロールプレイング）を使って

　第3は、いきなり導入で問題場面を設定して、役割演技（ロールプレイング）を使うという方法です。この方法は、月本策三（元大阪市立小学校長）が開発したものです。起承転結の転から始まる授業とも言えます。ところが、この方法は、やがて教科書が配布され、子どもが既に教科書の教材（資料）を読んでストーリーを知っている場合には、道徳授業における役割演技（ロールプレイング）活用の主流となる可能性があります。

　例えば、中学年の正直・誠実を扱った教材（資料）「まどガラスと魚」

の導入では、実際にキャッチボールをさせてみました。逃げる子ども、謝ろうとする子ども、いろいろ出てきますが、その姿は教材（資料）の人物の姿と重ね合わせがしやすいです。役割演技には、役割交替をさせてみることもできます。立場が変わると、言動が変わるという面白さがみられます。

　役割演技はさせっぱなしにするのではなく、それをもとにしてなぜそうしたのかを話し合うことが大切です。例えば、「まどガラスと魚」の場合、ボールが逸れてガラスを割った後どうするかよりも、その理由のほうがより重要です。行動とその理由はつぎのようであり、行動としては望ましいと思われる「あやまる」という中にもいろいろな問題点をはらんでいることが分かります。これを話し合いによって高めていくことが授業では大切です。

「逃げる」………おこられると、こわいから
　　　　　　　　割れる音にびっくりして
　　　　　　　　「逃げよう」と誘われたから
　　　　　　　　弁償しなければならないから
「あやまる」……悪いことをしたから
　　　　　　　　正直にあやまったら許してもらえるから
　　　　　　　　逃げて、ばれたらよけいにおこられるから
　　　　　　　　ボールを返してもらいたいから

　役割交換のよさは、両方の立場になることができることです。例えば教材（資料）「ししゅうのあるセーター」では、誤って服を汚した子と汚された子になって役割演技します。自分の服を汚されたときには、相手を責めまくっていた子どもが、汚した立場に立つことによって、相手の気持ちが少しでも分かるようになってくるといったことも見られます。

④　実物を見て

　第4は、実物を見て話し合う方法です。生命尊重や、動植物愛護の授業で、死んだ虫を見て話し合わせたり、物の大切さの授業で、落とし物を見

て話し合わせたりすることは、わりあいよく行われていると思います。死んだ虫の姿を見ることによって、生命の尊さや自分たちの世話の仕方の問題について考えることができます。落とし物箱を見ることによって、物を粗末にしている自分たちの姿を知ることもできます。ただし、この場合も特定の個人の悪さを指摘するような展開にならないような配慮が必要です。

　子どもの反響が大きく、しかも、ねらいとつながっている私の実践例としては、創意工夫の授業で、「トイレのたわし」を見て話し合うというのがあります。紙袋からおもむろに取り出された「トイレのたわし」を見た子どもたちは、一斉に「臭い。」「汚い。」などと言いますが、私は逆に落ち着いて

　「この道具はすばらしい。実によくできている。そう思いませんか。」
と言って、その機能面に目を向けさせるのです。そうすれば、それまで「汚い。」と言っていた子どもたちが、汚くないようにするために工夫してあることに気付いて、むしろ感心するようになっていったのです。それは、自分たちが工作などでいろいろな創意工夫をして創っていたことともつながります。実物を見せることは、視覚によって現実を見つめさせ、課題意識をもたせるのに役立ちます。

⑤　新聞記事や写真や絵を見て

　第5は、新聞記事や写真や絵を示して、問題意識を高めるというものです。例えば開発途上国の子どもたちが送られた鉛筆を拝むようにしている新聞記事の写真をもとにして、物の価値について話し合ったり、スポーツ選手の頑張った姿の記事をもとにして、努力について話し合ったりするなどです。

　写真を見て話し合う導入例は、中学年の教材（資料）「ヒキガエルとロバ」の導入などでも使えます。ヒキガエルの写真を見て話し合えば、子ども達は、「ぬるぬるして気持ち悪い」という教材（資料）の主人公たちと同じような気持ちになります。

　また、読者の広場に投稿された意見をもとに賛否を話し合うような導入

も考えられます。子どもにとっても身近な時事問題の場合には、よく意見も出て話し合いも盛り上がりますが、犯罪につながるような問題を取り上げるのは、人権問題も絡みますので、よくよく注意しなければなりません。

⑥　価値そのものについて話し合う

　第6は価値そのものについて聞く導入です。例えば、「約束を守ることは、なぜ大切ですか。」「ルールを守ることは、なぜ大切ですか。」「うそをつくことはなぜいけないのですか。」というように、誠実や規則尊重や正直といった価値の大切さを直接聞くことです。この場合、導入で尋ねた価値意識を展開の教材（資料）を通しての話し合い等でさらに高めていくことが大切です。浅い考えをより深めるという意味で導入に使うのです。

⑦　分類を通して

　第7は数枚から10枚ぐらいのカードに書かれた言葉を分類することを通して、なぜそのような分け方をしたのかを聞く導入です。

　例えば、中学年の「ぼくは、鼻毛じゃない」というあだ名を扱った教材（資料）の導入において、自分につけられたあだ名を書かせて、そのうち10枚ぐらい黒板に貼って、何人かの子どもに分類させました。すると、あだ名には、①名前がもとになったあだ名と、②顔や体つきがもとになったあだ名があることや、①呼ばれてもよいあだ名（愛称）と、②呼ばれていやなあだ名があることに子どもたちは気付いていきました。

　また、「美しいもの」を扱った授業では、「宝石」「雪」「花」「星」「おしっこ」「生ゴミ」「みみず」「どろ」という8枚のカードを分類させたところ、「花・みみず」と「宝石、雪、星、おしっこ、生ゴミ、どろ」と、生きているものと生きていないものに分類する子どもと、「宝石、雪、花、星」と「おしっこ、生ゴミ、みみず、どろ」のように「きれいなもの」と「きたないもの」に分類する子どもが出てきました。

　「雪は、とけたら汚くなる。」

という意見も出てきましたが、それをもとにして、

「本当に美しいものは何でしょう。」
という問いかけをしていきました。

⑧　物事の両面に目を向けさせる

　第8は、物事の両面に目を向けさせる方法です。例えば、高学年の個性伸長を扱った教材（資料）「明の長所」では、おっちょこちょい、けんかが強い、気が弱いといった行動や性格特性のカードを黒板に貼って、
「そのような友達をどう思いますか。」
と、問いかけました。すると、最初はマイナスイメージでとらえる子どもが多かったのですが、教材（資料）で学んだあと再び展開後段で尋ねたところ、プラスイメージの意見が増えてきました。このような導入も、物事の両面を考えるような授業では、応用可能です。

積極的によいことを取り上げる

　以上のような導入例は、当初はマイナス体験を発表させる「ざんげの導入」を克服するために創意工夫して行っていましたが、それだけではあまりにも消極的であることに気付き、次第によい例や価値の本質に直結するものを導入に積極的に取り上げるようになってきました。例えば、現在各地で進められている郷土教材（資料）を使った授業の場合など、無理してマイナス価値を探すことは必要ないでしょう。大切なことは教師のバランス感覚です。道徳科（道徳授業）がクラスの子どもたちの心をどれほど温めているかを教師は常に自己評価しておく必要があります。

教材（資料）への導入と価値への導入

　さて、導入には大きく分けて教材（資料）への導入と価値への導入があります。そこで、例として、低学年の教材（資料）「ぞうさんとおともだち」をもとにして考えてみましょう。

教材（資料）への導入	価値への導入
① さつまいもを見て、話し合う。 ② 「ぞうさん」（まどみちお作詞 　團伊玖磨作曲）の歌を歌う。	① 親切にして（もらって）、きもち よかったことはありませんか。

　確かに、授業の流れからすると教材（資料）にすぐに溶け込めるという意味で、低学年では教材（資料）への導入もあってもよいでしょうが、高学年になるほど価値への導入が望ましいと考えます。教材（資料）への導入は、授業中で価値に目を向けさせることをしなければ、授業が浅くなる傾向があります。

　ところで、最近「導入は1分でよい。」とか、「なくてもよい。」といった極端な道徳の授業論を述べる人がいます。このような授業論は、教材（資料）でよりよい生き方や人間を学ぶというよりも教材（資料）そのものを学ぶような授業展開になってしまいます。教科書を使う教科でも、教科書そのものを学ぶのではなく、教科書でその教科の本質を学ぶことが大切なのですから、この考え方は道徳科（道徳授業）であっても同じです。

　私は、信頼友情を扱った授業の導入に「生きる」のフラッシュカードを黒板に貼って、思いついたことを発表させるような授業を参観したこともあります。生命尊重や生死を扱う授業ならともかく、これでは、信頼友情には結びつかず、ピントがぼやけた導入になります。導入は、ねらいの伏線であるという原理原則を押さえて、授業を構築することが大切です。

4 教材（資料）のタイプの違いをふまえた展開の工夫

　道徳科の授業展開は、教材（資料）をもとにして「考える」ことが中心になります。ところで、これまでにも道徳の教材（資料）を「知見資料」「葛藤資料」「感動資料」等と分類して、それに応じた授業展開が必要であるという授業理論があります。

　また、教材（資料）をフィクション（実話）とノンフィクション（創作）に分けて、ノンフィクションこそが有効であるということを主張する研究グループもあります。しかし、私は、フィクションとノンフィクション教

材(資料)のどちらがよいという考えではなく、それぞれに、よさがあるのではないかと考えて授業に取り組んできました。さらに、教材(資料)は、読み物でなければならないという考えの研究グループもあります。しかし、特に小学校の低学年では、絵話や紙芝居などを使うことが有効であると考えてきました。

さて、平成27年7月に公表された「小学校学習指導要領解説 特別の教科 道徳編」においては、

「道徳科においても，主たる教材として教科用図書を使用しなければならないことは言うまでもないが，道徳教育の特性に鑑みれば，各地域に根ざした地域教材など，多様な教材を併せて活用することが重要となる。様々な題材について郷土の特色が生かせる教材は，児童にとって特に身近なものに感じられ，教材に親しみながら，ねらいとする道徳的価値について考えを深めることができるので，地域教材の開発や活用にも努めることが望ましい。

これらのほかにも，例えば，古典，随想，民話，詩歌などの読み物，映像ソフト，映像メディアなどの情報通信ネットワークを利用した教材，実話，写真，劇，漫画，紙芝居などの多彩な形式の教材など，多様なものが考えられる。」

と、多様な教材を活用することが求められています。従って、原作が読み物であっても、子どもの理解を助けるためには、それを絵や映像にするような工夫が求められます。教科書が登場した時、そこに掲載される教材は、「読み物」が中心であると考えられますが、教材は「読み物」でなければならないといった狭い考えではなく、子どもの発達をふまえ、教材を視聴覚化することでより理解を高めることが可能であるならば、むしろ多様な教材の開発に積極的に努めるべきではないでしょうか。

私は、そのような考えをもとにして研究を進めるうちに、次の表のように上記で紹介した分類のしかたとは違う教材（資料）の分類の仕方があり、むしろ、教材（資料）のタイプによって有効な発問や授業展開があるのではないかと考えてきました。

1. 転機や場の変化が描かれている教材（資料）	2. 転機が描かれていない教材（資料）
①-a　主人公が、助言者・援助者の助けを得て、成長・変容するもの。 （例）「はしの上のおおかみ」 　　　「やなぎとかえる」（小野道風） 　　　「くりのみ」 　　　「まどガラスと魚」 　　　「最後のおくり物」 　　　「銀の燭台」 ①-b　主人公が自らの良心に目覚めて行動し、成長・変容するもの。 （例）「わきだしたみず」 　　　「多かったおつり」 ②　場の変化をもたらす人間の姿が描かれたもの （例）「フィンガーボール（生きた礼儀）」 　　　「彫刻師グリュッペロ」	③　主人公が、成長・変容したとは言えないものや、失敗を通して反省するもの。 （例）「おおかみが来た」 　　　「金のおの」 　　　「かぼちゃのつる」 　　　「ノートのひこうき」 　　　「ロバを売りに行く親子」 　　　「どんどん橋のできごと」 　　　「すれちがい」 　　　「くずれ落ちた段ボール箱」 ④　人の言動や行動の選択が感動を与えることを主としたもの （例）「リストの弟子」 　　　「手品師」 　　　「ペルーは泣いている」 　　　「杉原千畝」

①　主人公が、（助言者・援助者の助けを得て、あるいは自らの良心に目覚めて、）成長・変容するもの

　道徳の教材（資料）として典型的なストーリーです。いわゆる主人公が出会いや目覚めによって成長・変容するいわゆるBefore⇒Afterの作品ですが、このような教材（資料）では、主人公の転機や行為のもとになる考えに着眼して、中心発問をつくるとよいのではないでしょうか。

②　場の変化をもたらす人間の姿が描かれたもの

　人が機転をきかして行動することによって、場の変化をもたらすというものです。このような教材（資料）では、そのような場面に焦点を当てて中心発問をつくるとよいのではないでしょうか。

③　主人公が、成長・変容したとは言えないものや、失敗を通して反省するもの[3]。

　いわゆる失敗談や失敗を通して反省するもの、あるいは主人公は成長し

ていないのに、問題はそれなりの解決をするというものです。このような教材（資料）で授業をするときには、主人公だけでなく、主人公以外の人物の視点から発問したり、失敗談では、失敗の理由を考えさせたりすることが必要です。

④　人の言動や行動の選択が感動を与えることを主としたもの

主人公は、もとよりよくできた人物であるため、感動はありますが、主人公が成長したり、変容したりするという作品ではありません。このような教材（資料）では、教材（資料）がもっている感動を大事にしつつも、本時のねらいに迫るためには中心発問に工夫が必要です。

当然のことながら、これらの分類に当てはまらない教材（資料）もありますが、ねらいに迫るためには中心発問に工夫が必要であることには変わりありません。

例えば、「よわむし太郎」（「私たちの道徳」3・4年）は、主人公の太郎は変容していないのに、主人公を見る周囲の目が変化するという教材（資料）です。「まいごのカナリア号」（学研副読本　5年）では、主人公の昭夫は道徳的変容を遂げたとは言えません。昭夫は、父のアイデアやものの考え方に共感しながらも、人の良心に訴えるだけの方法の実効性には疑問を感じています。このような教材（資料）では、複眼的な思考が求められます。このように、一つ一つの教材（資料）ごとに効果的な授業展開や本質に迫ることのできる発問があるでしょうが、教材（資料）を類型化することによって、それらに共通した授業展開・視点・発問を考えることができるのではないでしょうか。

5 教材（資料）分析のポイントと発問

藤永芳純は、講演会において、道徳の教材（資料）分析する上で押さえておくべきポイントは、次の5点であると述べています。この5点を押さえることは、限られた短い時間の中で授業の準備をする教師にとって、極めて有効な研究方法と言うことができるでしょう。

> 1. 主人公はだれか
>   道徳的変容を遂げたのは
> 2. 道徳的論点（内容項目）は何か
>   変容がある場合、前後の情報はあるか
> 3. 山場（場面・ことば・行動）はどこか
>   変容が起きたところ
> 4. 助言者・援助者（きっかけ）は何か、誰か
>   自分の良心か、他者か
> 5. 発問（内面的資質を育てるために）
>   心（こころ）を問う

　そこで、この教材（資料）分析の方法に当てはめて、上記の４つのパターンの教材（資料）のうち代表的なものを読み解いて、本時のねらいと発問を考えていきましょう。

① **教材（資料）「はしの上のおおかみ」あらすじ**

> 　自分より弱い動物（うさぎたち）に対して橋の上で通せんぼのいじわるをし、自分よりも強い動物（くま）に対してはこびへつらっていたおおかみが、くまの親切に心を打たれて、親切の喜びに目覚め、改心します。

教材（資料）分析「はしの上のおおかみ」（「わたしたちのどうとく」１・２年）

1. 主人公はだれか……おおかみ
2. 道徳的論点（内容項目）は何か……Ｂ　親切、思いやり（2-(2)）
   親切の喜びに目覚めるおおかみ
3. 山場（場面・ことば・行動）はどこか
   変容が起きたところ……くまに抱きかかえられて渡されたところ
4. 助言者・援助者（きっかけ）は何か、誰か
   くま
5. 発問（内面的資質を育てるために）

Ⅲ　道徳科の授業で大切にしたいこと　61

心（こころ）を問う発問

『えへん、へん。』の違いを通して、おおかみの心の変容を中心発問にする。

本時のねらい：教材（資料）「はしの上のおおかみ」のおおかみの変容を
　　　　　　　　　通して、親切にすると気持ちよいことに気付かせる。

（導入）

「『えへん、へん。』は、どんな時に言う言葉ですか。」

（展開）

「うさぎやきつねを追い返しているとき、おおかみはどんなことを思って
いますか。」

「くまを見て、あわてておじぎをしたのはなぜですか。」

「おおかみは、くまの後ろ姿をながめながらどんなことを考えていました
か。」

「うさぎをおろしたあと、『えへん、へん。』と言ったとき、おおかみは、
どんなことを考えていますか。

（終末）

（A案）「友達にしてもらってうれしかったことを発表しましょう。」

（B案）「おおかみが、前より、ずっといい気持になったのはなぜか書きま
　　　　しょう。」

②　教材（資料)「フィンガーボール」あらすじ

> 　女王様が、外国のお客様をもてなすためにパーティを開きました。と
> ころが、お客様は、フィンガーボールで手を洗う習慣を知らず、その水
> を飲んでしまいました。すると、女王様は、自分もフィンガーボールの
> 水を飲みました。

教材（資料）分析「フィンガーボール」（4年生の道徳　文溪堂）

1．主人公はだれか … 女王様

2．道徳的論点（内容項目）は何か……B　礼儀(2-(1))

変容がある場合、前後の情報はあるか

女王様が機転をきかせて、場の雰囲気を変えた。

3．山場（場面・ことば・行動）はどこか……女王様がフィンガーボールの水を飲んだところ

4．助言者・援助者（きっかけ）は何か、誰か……自分の良心

（お客様に恥をかかさないために自分は何をすべきか瞬時に考えた。）

5．発問（内面的資質を育てるために）

女王様が、フィンガーボールの水で手を洗ったらどうなるかを中心発問にする。

本時のねらい：教材（資料）「フィンガーボール」の女王様の行動を通して、本当の礼儀とは何かについて考えを深める。

「フィンガーボール」の発問例

（導入）

「あいさつすることは、どうして大切なのですか。」

（展開）

「お客様は、なぜ、フィンガーボールの水を飲んだのでしょうか。」

「女王様は、なぜ、フィンガーボールの水を飲んだのでしょうか。」

「もし、女王様がフィンガーボールの水で手を洗われたとしたら、お客は、どう感じたでしょうか。」

「生きた礼儀とは、どんな礼儀のことでしょうか。」

（終末）

「女王様の態度から、あなたは、どんなことを学びますか。」

③　教材（資料）「おおかみがきた」あらすじ

羊飼いの男の子が、退屈しのぎに「おおかみが来た！」とうそをついて騒ぎを起こしました。村人たちはだまされて助けに来ますが、うそということがわかります。それからも、男の子は、繰り返し同じうそをつ

いたので、本当におおかみが現れた時には、村人たちは信用せず、誰も助けに来てくれませんでした。

教材（資料）分析「おおかみがきた」（どうとく1　みんななかよく東京書籍）
1．主人公はだれか……男の子
2．道徳的論点（内容項目）は何か……Ａ　正直(1−(4))
　変容がある場合、前後の情報はあるか
　うそをつく面白さを見つけると、それが繰り返される怖さ
3．山場（場面・ことば・行動）はどこか……「おおかみがきた。」と言っても、誰も助けに来てくれなかったところ
4．助言者・援助者（きっかけ）は何か、誰か
　なし
5．発問（内面的資質を育てるために）
　だまされる村人の立場から尋ねたりして、うそのこわさを考えさせたい。

本時のねらい：教材（資料）「おおかみがきた」を通して、うそのこわさ
　　　　　　　について考えを深める。

（導入）
「うそをつくことは、なぜいけないのですか。」
（展開）
「男の子は、ひつじの番の仕事のことをどう思っていますか。」
「どうして、『おおかみが来た。』と言ったのでしょう。」
「村の人が来たのを見て、男の子はどう思ったでしょう。」
「どうして、また同じうそを何度もついたのでしょう。」
「本当におおかみがきたのに、なぜ村の人は助けに来てくれなかったのでしょう。」
「村の人の考えは、どう変わっていきましたか。（最初・次・最後）」

「うそは、どんなところがこわいでしょう。」

（終末）

「うそ　ついちゃった」（『わたしたちのどうとく１・２年』）を聞く。

④　教材（資料）「手品師」あらすじ

> 　あるところに、腕はいいのですがあまり売れない手品師がいました。その日のパンを買うのもやっとでしたが、大劇場のステージに立てる日を夢見て、腕を磨いていました。ある日、手品師はしょんぼりと道にしゃがみこんでいる小さな男の子に出会いました。男の子はお父さんが死んだ後、お母さんが働きに出て、ずっと帰ってこないというのです。手品師が手品を見せると、男の子はすっかり元気になり、手品師は明日もまた手品を見せてあげることを約束しました。
>
> 　ところが、その日の夜、友人から電話があり、大劇場に出演のチャンスがあるから今晩すぐに出発して欲しいというのです。手品師は、迷いましたが、明日は大切な約束があるからと友人の誘いをきっぱりと断りました。
>
> 　翌日、手品師はたった一人のお客様である男の子の前で、次々と素晴らしい手品を演じてみせました。

教材（資料）分析「手品師」（『小学校　道徳の指導資料とその利用１』文部省）

１．主人公はだれか……手品師

　　道徳的変容を遂げたのは……葛藤はあったが一貫している

２．道徳的論点（内容項目）は何か……Ａ　正直, 誠実(１−(４))　　変容がある場合、前後の情報はあるか

　　手品師は変わっていない

３．山場（場面・ことば・行動）はどこか……友人に断るところ　しかし、これは変容とは言えない

４．助言者・援助者（きっかけ）は何か、誰か

　　まさに自分の良心

Ⅲ　道徳科の授業で大切にしたいこと　**65**

5．発問（内面的資質を育てるために）

　手品師が男の子との約束を守ることによって失ったものと失わなかった
ものについて考えることを中心発問にする。（原案：服部敬一[4)]）

本時のねらい：教材（資料）「手品師」の主人公手品師が、男の子との約
　　　　　　　束を守ったことで失わなかったものは何かを考えることを
　　　　　　　通して、誠実に生きようとする心を育てる。

「手品師」の発問例

（導入）

「約束を守ることはなぜ大切ですか。」（他人に対して・自分に対して）

（展開）

「手品師はどうして貧しいのですか。」

「手品師は、どうしてお金も取らずに男の子に手品を見せたのですか。」

「手品師が男の子との約束を守ることによって失ったものは何でしょう。」

　　　　　　　　　　　↕　　対比

「手品師が男の子との約束を守ることによって失わなかったものは何でし
ょう。」

「男の子の前で手品をしながら手品師はどんなことを考えていますか。」

（終末）

（A案）「『手品師』を読んで、気付いたことや考えたことを書きましょう。」

（B案）「『約束』という歌を聴きましょう。」（宮沢章二作詞　中田喜直作曲）

　なお、この対比のパターンは、教材（資料）「杉原千畝」等、人が人生
における決断をするときに、それによって失うものと失わないもの（得る
もの等）を考えさせるときにも活用できます。

6　**展開後段は必要？　不要？**[5)]

　「道徳の時間」の指導過程において、導入（生活）➡展開（資料）➡終末（生
活）という型が広がったのは、60年近い歴史があります。中でも、「展開後段」
で資料離れをして自分を振り返ることが大切であるということが言われる

ようになったのは、平成元年の学習指導要領の改訂の時以来で、当時の教科調査官・視学官であった瀬戸真によって提唱されました。その趣旨は、「道徳の時間」は、高められた価値に照射して自分を振り返る時間、価値の主体的自覚をさせる時間であるから、資料を学ぶだけでなく、資料離れさせることが大切であるというものです。この考えそのものは、一般的には妥当な考えですが、個別の資料を扱う時においては、必ずしもその資料を効果的に扱えないのではないかという意見は、提唱された当時からありました。

　無理して自分に振り返らせることで資料によって高まった感動が薄れてしまうことや、資料によっては、自分に振り返らせる必要がないものがあるのではないかという意見があります。例えば、オスカー・ワイルド原作の「幸せの王子」や、ビクトル・ユーゴー原作の「銀の燭台」のような文学作品を教材（資料）にしたとき、主人公である王子やつばめ、あるいはジャン・バル・ジャンと同じ体験をした子どもはいないし、それを無理して、人に自分の大事にしていたものを人にあげた体験や、人のものを盗ったときに許してもらった体験や、ものを盗られたときに許した体験を語らせることは、全く意味をもちません。教材（資料）が文学作品のような生活から遠いものであるほど、生活場面を想起させることで、自分を振り返ることが難しくなってくるのではないでしょうか。

　教材（資料）と自分を結び付けることは大切ですが、この「自分」を「自分の生活」と捉えるのには問題を感じます。ただ何でも、生活と結び付けたらよいというのはどうでしょうか。前記した教材（資料）を使って指導したとき、無理をして自分の生活と結び付けようとするとかえって変なことになってきます。学習後に、

　「ああ、いいお話だったなあ、王子やツバメはすばらしいなあ。」
という思いが残っていればそれでよいのではないでしょうか。むしろ、授業後、

　「僕は、王子のように貧しい人や困っている人を見たら、何かを与えてやるんだ。」

というようなことを宣言する子どもが次々と現れるような授業の方が、問題が多いと思います。何故なら、子どもは、決して王子と同じ立場や場面に立つことはないからです。だから、ここで、もし、自分が王子だったらと考えることにあまり意味はありません。王子の行為の気高さに触れさせ気付かせることにこそ意義があると考えられます。これは、その教材（資料）がノンフィクションであっても同じことです。そのような感じ方・考え方の蓄積が子どもの心を豊かにし、人間性を高めてくれます。

　また、比較的身近な教材（資料）でも、教材（資料）によって人物の生きざまに共感したり、感銘を受けたりしたとしても、急に自分の生きざまが高まるとは考えられません。そのようなときに、

　「それでは、これから、あなたはどうしようと思いますか。」

と、問われても、どう答えたらよいのか困ってしまうのではないでしょうか。無理に書かせたりしようとすると、一時間授業を受けている以上「できません。」とは書きにくいので、できそうもないことをつい決意表明してしまうことになりがちです。その結果、タテマエが先行するから、書くだけになってしまい、「道徳の授業の空しさ」を感じることになってしまいます。一方、

　「それでは、このようなとき、あなたはどうしていたでしょう。」

と、今の姿を尋ねると、

　「僕はそんなすごいことできないよ。」

というふうな反応が返ってくるのではないでしょうか。教材（資料）中の人物の高い生きざまと比べたら、ほとんどの子どもの生きざまはそれより低いものです。そんな自分の見つめ方ばかりさせていたら、自分の弱さ・悪さばかりに目が向いて、「よし、頑張るぞ。」という意欲が起こらないでしょう。どんな自分を見つめさせるかということを考えなければなりません。人間には誰にでも、素晴らしい面と、弱い面があります。これをバランスよく見せることが大切です。そして、全体としては、自分の至らない点を知りながらも、教材（資料）中の人物と共通するよさが自分にはないだろうかということを考えさせ、努力すればできそうだという実践意欲

（効力感）を湧かせるような授業展開にしていきたいものです。

それなら、効力感を湧かせる発問とはどんなものでしょうか。

（例１）主人公の生き方と、自分の生き方の似ているところはないでしょうか。

（例２）主人公の生き方から学ぶことはないでしょうか。

（例３）この教材（資料）を読んで、みなさんはどんなことを考えましたか。

（例４）教材（資料）の中の人物にお手紙を書きましょう。

（例５）私たちの身の回りにある○○を探しましょう。

導入の段階で、しっかりと今の自分を見つめることができれば、展開後段であまり多くの時間をとる必要はありません。だから、展開後段は、教材（資料）や子どもの実態を見て、どんなものが有効か、あるいはなくてもよいかを見極めることが大切です。

7　無理なく子どもに返す終末

「終末の指導は難しい！」と、私自身授業を積み重ねる中で感じるようになってきました。自分の生き方の自覚と結び付いているからです。いろいろな授業を参観しても、導入は工夫とアイデアがあればそれなりに面白いことができます。展開はよい教材（資料）とその持ち味を生かしたよい発問があれば、子どもの反応は概ねよいものです。ところが、終末だけは、それだけではどうもうまくいきません。教材（資料）によって教材（資料）中の人物の生きざまに共感したり、感銘を受けたりしても、急に自分の生きざまが高まるとは考えられません。そのようなときに、

「それでは、これから、あなたはどうしようと思いますか。」

等と問われても、どう答えたらよいのか困ってしまうのではないでしょうか。無理に書かせたりしようとすると、１時間授業を受けている以上「できません。」とは書きにくいので、できそうもないことをつい決意表明してしまうことになりがちです。とりわけ、学級経営がうまくいっていて、子どもが教師を慕っている場合、協力的に教師が欲しがっている反応を予

想してよいことを書く可能性もあります。その結果、どうしてもタテマエが先行しますから、書くだけになってしまい、「道徳の授業の空しさ」を感じることになるのです。どんな自分を見つめさせるかということを考えなければいけません。人間にはだれにでも、すばらしい面と弱い面の両面があります。

これをバランスよく見せることが大切です。そして、全体としては、自分の至らない点を知りながらも、教材（資料）の人物と共通するよさが自分にはないだろうかということを考えさせ、努力すればできそうだという実践意欲を湧かせるような授業展開にしていきたいものです。

自他のよさを発見させるためには、よい転機の体験の発表をさせたり、友達のよいところ探しをしたり、美しい行為の話を聞くこともよいでしょう。でも、よい転機の体験の発表は、いつもあるとは限りません。クラスの友達のよいところ探しのような終末はクラスが温まりますが、現状で満足してしまうことにもつながります。

反対に自分のこれまでの姿を教材（資料）と比較して見つめさせれば、たいていの場合、至らない自分ばかりが見えてしまいます。たまにはこういう厳しい終末もよいと思いますが、毎回このような終末であると子どもは自己肯定感（自尊感情）をもてなくて、くさってしまいます。

感動的な人物の逸話を聞かせるという終末もあります。例えば、「私たちの道徳」には、このような偉人の逸話や言葉が満載されています。このような話は子どもに感動を与えることができますが、一方、きれい事になりやすいという側面もあります。

教師の体験談を聞いたり、子どもの作文を聞いたりするという終末もありますが、いつも価値に対応するような体験談や作文があるとは限りません。また、教師の体験談は、内容はどのようなものであっても、体験を話す教師が子どもに好かれているかどうかによっても、子どもの受け止め方は変わってきます。また、子どもの作文を読む場合には、プライバシーにつながる内容もありますので、読むにあたっては、事前に子どもあるいは保護者の承認を取っておくことが必要です。また、教材（資料）によっ

ては主題につながる歌を歌ったり、音楽を聴いたりして終わるような余韻のある終末も可能ですが、これもいつもできるというものではありません。このような終末はたまにあってこそ生きてきます。

　教材（資料）中の人物に手紙を書かせるということもあります。これは、手紙に託して自分の考えを述べていくものですが、自分を見つめるよりも、教材（資料）中の人物に説教するようなものも出てきます。例えば「くりのみ」の授業でうさぎときつねに手紙を書かせてみたところ、

　「うさぎさん、あんたはえらい。」

　「きつねさん、うそばかりついていると、きつねうどんにしてしまうぞ。」

というようなものも中には出てくるでしょう。そこには、自分はあまり関与していません。そこで、

　「自分ならどう考え、どうするかというようなことも考えながら書きましょう。」

というような助言をしながら書かせることが求められます。

　最近注目すべき終末の手法は、授業を通しての気付きや考えたことを書くことです。これは、授業評価にもつながり、継続して行うことによって子どもの成長を継続観察することができます。特に新たな発見のある場合には有効です。しかし、登場人物の批判に終始し、自分に返らないこともあり、前述したように、毎回こればかりやると、授業がワンパターン化することもあります。また、「書く」という活動は、特に発達障がいのある子どもなどにとっては苦手であることも考慮しなければなりません。

　だから、方法としてどれがベストということでなく、ねらいと教材（資料）の種類と学年や子どもの実態によって、いろいろな方法を併用していくことがよいと思います。一番よくないのがワンパターン化です。終末をある方法だけにこだわると、おかしなことが出てきます。ある学校では、いつも終末が教師の体験談をするという授業展開をしていましたが、教師がそんなに毎時間、ねらいに結び付いた体験をしているとはとても考えられません。こんなことをしていると、教師が「作り話の名人」を通り越して「嘘つき」になってしまうのではないでしょうか。

Ⅲ　道徳科の授業で大切にしたいこと　71

　そのようなことを踏まえて,終末の方法の長所・短所を表にすると、次のようになります。教師はそれを知った上で、教材（資料）の特質を生かしたいろいろな終末を工夫することが大切ではないでしょうか。

方　　法	長　　所	短所・陥りやすい傾向
自他のよさを発見・紹介する	クラスが温まり、新たな発見がある。	現状で満足してしまうこともある。
自分の姿を厳しく見つめる	反省的思考が育つ。	駄目な自分が見える。
感動的な物語や人物の逸話を聞く	感動を与えられる。	きれい事になりやすい。
教師の体験談を聞く	身近な人の体験は、心に響き、自分と接点を持てる。	いつもその価値にふさわしいものがあるとは限らない。
子どもの作文を聞く
価値を主題とした歌を聴いたり歌ったりする	余韻や活力のある終末になる	
教材（資料）中の人物に手紙を書く	人物に託して、自分を見つめられる。	人物に説教するようなものも出てくる。
授業を通しての気付きや考えたことを書く	授業評価につながり、継続して行うことができる　特に新たな発見のある場合には有効	登場人物の批判に終始し、自分に返らないこともある

　このようなことを考慮すると、子どもの心に響くものとするための唯一の効果的な終末の方法はないと考えます。例えば、長寿番組であったNHKの「中学生日記」は、いつもたいてい葛藤場面で終わり、その後どう考えるかはオープンエンドで視聴者にお任せでした。道徳授業が価値観の押し付けになってはいけませんが、道徳授業の最後がいつもオープンエンドというのもいかがなものでしょうか。

　子どもは、教材（資料）を読めば、人物の行為の善悪判断はほぼついています。むしろ、授業の中で教材（資料）を通して新しい発見をさせることに一番力を注ぐべきではないでしょうか。それが、道徳は面白い！という子どもの意識を高めることにつながります。終末はその時間の授業のま

とめをすることではありません。教科の場合、本時のまとめをすることで、知識・技能を定着させる上で有効な場合もありますが、道徳授業でそれをやるとわかりきったことの押し付けになりがちです。むしろ、価値の一般化・深化というとらえ方をすることが大切ではないでしょうか。

8 道徳科の授業評価

（1）子どもの人間的成長の評価と道徳科の授業評価

　道徳が教科化されるにあたって、授業評価の問題がクローズアップされてきました。「道徳の教科化」が論議され始めたころ、教科化に反対する意見の中に、子どもの道徳性を数値で評価することはできないからというものがありました。確かに、道徳性には、いろいろな側面があり、ある部分は優れていても、ある部分は弱いというのが人間の本来の姿ではないでしょうか。また、子どもの道徳的な行動を評価すると考えていた人もいるようです。新しい学習指導要領でも、子どもの道徳性を数値で評価しないことが明記されています。今課題となっているのは、子どもの道徳性や道徳的行動の評価ではなく、道徳科の授業評価のあり方です。子どもの道徳性や人間的成長の評価と、道徳科の授業評価は、分けて考える必要があります。子どもの道徳性や人間的成長の評価は、基本的にその子どものよさを継続的に観察することによって行うべきです。しかし、道徳科の授業評価では、子どもが、道徳授業を受けることによって、どう高まり、どういう気付きやこれまでより深い考えをもつようになったかといった、授業による変容をとらえることが求められます。

　道徳科における評価の基本的な考え方として、道徳教育の評価等の在り方に関する専門家会議は、平成28年7月22日に、道徳科における評価の在り方として、次のような点を挙げました[6]。

○児童生徒の側から見れば、自らの成長を実感し、意欲の向上につなげていくものであり、教師の側からみれば、教師が目標や計画、指導方法の改善・充実に取り組むための資料。

Ⅲ　道徳科の授業で大切にしたいこと　73

○道徳科の特質を踏まえれば、評価に当たって、
　・数値による評価ではなく、記述式とすること
　・個々の内容項目ごとではなく、大くくりなまとまりを踏まえた評価
　　とすること・他の児童生徒との比較による評価ではなく、児童生徒
　　がいかに成長したかを積極的に受け止めて認め、励ます個人内評価
　　として行うこと
　・学習活動において児童生徒がより多面的・多角的な見方へと発展し
　　ているか、道徳的価値の理解を自分自身との関わりの中で深めてい
　　るかといった点を重視すること
　・道徳科の学習活動における児童生徒の具体的な取組状況を一定のま
　　とまりの中で見取ることが求められる

　従って、1時間ごとの授業評価ではなく、それらを一定期間集めて、その中で変容してきたことや一貫していることを言葉で表現することが求められます。また、そのようなことが可能になるためには、年間35時間の道徳科の授業をきちんと積み上げていくことが求められます。

　道徳の授業評価が難しい理由の一つは、授業と、その後の子どもの道徳的行動の間に明確な因果関係を見つけにくいからです。これは、道徳授業の永遠の課題です。例えば、「なかよし」の主題で授業をしてよい授業ができたと思っていたら、その後の休み時間にけんかがあったりすると、道徳の授業は空しいのではないかと感じることもありましょう。子どもが教師の望んでいる答えを出すことに目を向けて授業を受けたなら、授業中の発言と実際の行動の乖離が大きくなることでしょう。また、子どもがよい行動をしても、その原因を特定することはできず、道徳授業との関係を問われても、はっきりと答えられないことがほとんどではないでしょうか。少なくとも道徳科（道徳授業）は、指導によってわかる・できるという教科の知識・技能的側面と同じような観点だけで評価してはいけないと思います。
　どの教科の授業でも、その授業が成功したかどうか、よい授業であった

かどうかの指標は、「本時のねらい」や単元全体の「指導のねらい」を達成したかどうかということになりますが、道徳授業の場合、そのねらいは達成目標というよりも、向上目標的なものではないでしょうか。道徳の「よい授業」は、子どもがより高い道徳的価値を身につけ、それを現実の生活や生きざまに生かそうとする心を養う授業です。それならば、何よりも、「本時のねらい」や「指導のねらい」をどう実現しているかという視点から、道徳授業を見直す必要があるでしょう。発言の量や、活発さよりも大切なものがそこにあるはずです。勿論、目に見えない感動のようなものをどうするかという問題も残りますが、この視点を切り口にして道徳の授業を見直してみてはどうでしょうか。それだけに、授業のねらいの書き方が非常に大切になってきます[7]。

(2) 本時のねらいの書き方に工夫を

よく、「〜する態度を育てる」というねらいが書かれている指導案を目にしますが、1時間の授業だけで「態度」が育つとは考えにくいです。なぜなら、態度とは心の傾向や構えですから、そんな短期間に大きく変容しません。むしろ、「心を育てる」といった婉曲な表現をしておくほうがよいと思います。また、1時間の授業の評価と同時に、子どもの成長、向上の徴候（シンプトム）を見つける視点を持っておくことが求められます。また、最近の指導案では、ねらいを教師の側からでなく、子どもの側から書くような試みもよくされています。それならば、ねらいを向上目標的にとらえて、「……しようとする。」というような書き方もできるのではないでしょうか。道徳授業の場合は、教材（資料）を通して学ぶのですから、本時のねらいとしては、

> 教材（資料）「○○○○○」の○○の行動を通して、〜しようとする。

といった書き方ができるのではないでしょうか。そして、授業評価をする際に、本時のねらいに向かって子どもが取り組んでいたかどうかを振り返ることが求められます。

また、授業による気付きや考えの深まりをもって授業評価とすることもできます。そのような場合、本時のねらいは、

> 教材(資料)「○○○○○」の○○の変容を通して、～に気付かせる。
> 教材(資料)「○○○○○」の○○の行動を通して、～ついて考えを深める。

のように、授業前と授業後を比べて、子どもをこのように変容させるという書き方がよいと思います。いずれにしても、教材（資料）を通して新たな気付きや発見のあることが子どもの成長につながります。

(3) 1時間の道徳授業の中での子どもの変容

さて、道徳授業の中での子どもの変容は、授業評価の観点につながりますが、1時間の授業の中での子どもの変容はつぎのようなところに現れます。

① 自分と友達の考えの同じところ、違うところに気付く。
② 今まで気付かなかった自他のよさに気付く。
③ 教材（資料）を学ぶことで、より高い価値に気付く。
④ 教材（資料）の登場人物に対して、自分の考えをもつ。

道徳の授業評価として、現時点において有力な方法の一つは、終末段階で「授業を通しての気付きや考えたことを書く」こと[4]と考えていますが、これも、作文力がまだ十分ではない小学1年生の1学期には難しいと思います。書かせることによって子どもを鍛えることは大切ですが、また、この方法だけに頼ると、重度の知的・情緒的障がいのある子どもなどの評価が難しくなります。また、授業中の発表や表情の変化などより多面的・多角的な情報をもとに評価すべきです。これまででも、音楽や図画工作の鑑賞の評価が、感想文の作文力に影響されがちであったことを考えるからです。音楽や美術を愛好する心は、作文力と重なりはあってもまた別のものではないでしょうか。また、毎週の道徳授業がこのような終末というのも

ワンパターンで考えものです。道徳の授業評価には、書くだけでなく、話したことを記録しておくなどいろいろな方法を併用していくことが望まれます。

（参考・引用文献）

1．瀬戸真(1986) 道徳の時間に何をすればよいか　新道徳教育実践講座１　自己を見つめる　教育開発研究所　1〜34
2．藤田善正(2000)「心の教育」時代の道徳教育　明治図書16〜43
3．服部敬一(2014) 結末に問題のある資料をどう扱えばよいか　道徳教育学論集第17号　61〜74　大阪教育大学道徳教育学専修
4．服部敬一(2015) 道徳科の評価と評価文　第21回道徳教育方法学会　シンポジウム資料
5．藤田善正(2012) 授業の展開は柔軟に　明治図書　月刊「道徳教育」2012　1月号12〜13
6．道徳教育の評価等の在り方に関する専門家会議(2016)「特別の教科道徳」の指導方法・評価等について(報告)
7．藤田善正(1997) 感動と感化で創る道徳授業　明治図書　31〜44

Ⅳ　道徳科における教材（資料）の活用

1　伝記による道徳教育

①　『私たちの道徳』に多数掲載された伝記

　現在、我が国の道徳教育の今後の方向性については、学習指導要領の一部改訂を受けて、「特別の教科　道徳」実施に向けた論議が活発に行われています。さて、国の道徳教育重視の施策の一環として、平成26（2014）年4月から小学校1年生から中学校3年生までの全児童・生徒約1000万人に無償配布された『私たちの道徳』には、読み物として古今東西の伝記教材（資料）がかなり採り上げられているだけでなく、現代の各界の人物の業績や考え、言葉等がコラムのような形で多数掲載されています。道徳教育や道徳科（道徳の時間）の授業において、子どもに大きな感動や感化を与える力をもつ一方、偉人の伝記（偉人伝）や存命中の人物の伝記には、取り扱い方に留意しなければならないことがあります。伝記は、模範的人物像を典型的に示すだけに、どのようなことに留意して道徳教育や道徳科（道徳の時間）の指導に活用するのが有効かを検討する必要があります。

　そこで、伝記の教育的意義を考え、伝記を活用した道徳教育に対する反対論やその問題点を指摘する意見を考察し検討する中で、よりよい伝記の活用方法を探求していきましょう。

②　欧米諸国における伝記による道徳教育

　「偉人の伝記」に描かれている人物像は、いずれも、人生に対して真剣に取り組んだ人間の生きざまと言えましょう。これを読んだ子どもは、その人物の生きざまの中から生きる希望や勇気を感じ取るだけでなく、その生きざまを模倣し、摂取しようとする意欲が起きてくると考えられます。リンカーンが、少年時代にワシントンの伝記を愛読し、ワシントンのような人間になろうと立志したことや、豊田佐吉が、英国の作家で医者のサミュエル・スマイルズ著『自助論（Self-Help）』の訳本『西国立志編』（中村

正直訳)[1]を読んで感動して立志し、ついには自動織機を発明したことは知られています。この「自助論」は、1859年発行の300人以上の欧米人の成功談を集めた逸話集であり、序文にある「天は自ら佑くる者を佑く。」という言葉は有名です。「自助論」は、イギリスが産業革命や議会制民主主義を興し世界で最も栄えていた時代に書かれたもので、自己責任主義に基づいています。その考え方が近代化を進める明治の青年たちに受け容れられたと考えられます。この本は、発刊された時代だけでなく、現代も各国語に訳されて全世界で読み継がれています。また、日本において、「西国立志編」は、明治5年の学制が公布されてから、文部省が翻訳本を教科書として不適当とし、許可制にする明治16年までの約10年間教科書として使われたこともあります。

さて、伝記の教育的効果について述べた著書としては、イギリスの外交官で歴史家でもあるハロルド・G・ニコルソンの「英国における伝記の発達」が挙げられます。その中で、ニコルソンは次のように述べています。

「……伝記の教育的効果は、読者が伝記の主人公に共鳴し、その人生経験を理解し、その精神的印象を確実につかみ、自らの心と態度にある変革をもたらし、自主的に自らの人生を創造しようという意識を持つことである。[2]……」

前に述べた二つの事例は、このニコルソンの言葉を体現したものと言えましょう。

イギリスの教育学者ノーマン・J・ブルは、子どもの道徳性の発達を研究しましたが、発達段階に応じた資料が道徳性を高めるという考えに基づいて、中間期(9～13歳)には伝記的資料が有効であると述べています[3]。

また、近年では、アメリカ合衆国のレーガン政権の教育長官を務めたウィリアム・J・ベネットは、退官後の1994年『魔法の糸 ―こころが豊かになる世界の寓話・説話・逸話100選―』を著し、現在まで3000万部を超えるベストセラーとなりましたが、この中にも伝記の逸話が数多く採り上げられています。この著書は、子どもや若者達の人格をいかにして高めるかを主題として、古今東西の民話や寓話、偉人・賢人の逸話、随筆が集め

られています[4]。ベネットの著書において、道徳は、抽象的な徳目や概念を論じるよりも、具体的な人物の行動が示されている方がわかりやすいという考えに貫かれています。言い換えれば、人は価値に感動するのではなく、その価値を体現した人間に感動すると言えましょう。

キリスト教による宗教教育が多かれ少なかれ道徳教育の基盤になっている欧米の諸国において伝記が道徳教育の役割を果たしてきたことは、注目すべきことです。

③　修身の問題点と今後の研究課題

日本において、江戸時代後期に頼山陽が著した人物中心の歴史書「日本外史」が、幕末の尊皇攘夷運動に大きな影響を与えたのは事実ですが、学校教育において伝記による道徳教育が積極的に行われたのは、明治23（1890）年の教育勅語発布以来、「修身科」においてです。貝塚茂樹は、その著「道徳教育の教科書」において、修身教科書の特徴は、徳目主義と人物主義であると述べています[5]。

> 1．徳目主義
> 　教育勅語と「小学校教則大綱」に掲げられた徳目に基づいて教材を配列して、系統的に道徳を教えようとした。
> 2．人物主義
> 　徳目は抽象的な観念であるので、伝記や人物の逸話、言行の「例話」を用いて、徳目を具体的に教えようとした。

修身教育では、人物主義の考えがもとになって、教材として古今東西の偉人伝の逸話が多く採り上げられました。ところが、教科書の検定期（明治23〜明治37　1890〜1904）に続く国定教科書（明治37〜昭和20　1904〜1945）の変遷を見ると、大きく次のような3つの問題点が挙げられます。

第1に、修身の第1期国定教科書は、明治37（1904）年に使用開始されましたが、教育勅語以後の検定期の教科書と比べると、児童の発達段階も考慮され、近代的市民的倫理が強調されていて、すべて否定すべきものではないと考えます。ところが、その後6回の改訂のたびに、「孝」を基本原

理とするものから、「忠君」「愛国」を基本原理とする国家主義的な要素が強くなり、子どもの人格の育成よりも思想教育に近くなってきたという問題があります。

　戦後、修身教育が国家主義・軍国主義の一端を担ったということから否定される最大の理由がそこにあります。

　第2に、人間誰しもがもっている「弱さ」を認めない人間観が見られます。例えば、戦前・戦後を通じて、日本人に一番よく読まれてきた伝記の『野口英世』について述べてみましょう。昭和12(1937)年発行の尋常小學修身書巻四（小学4年生用）の中では、次のように描かれています。

「（前略）五歳・六歳となって、英世は、外に出て近所の子供たちと元氣よく遊ぶやうになりましたが、きやうそうでもして英世が勝つたときなどは、負けた子供たちは、くやしまぎれに、英世のかたはの手を笑ひました。小學校に行くやうになっても、友達はやはり其の手を笑ひました。英世はそれをざんねんに思ひ、
『手は不自由でも、一心に勉強して、きっと今にりっぱなひとになって見せるぞ。』と、かたく決心しました。（後略）[6]」

　この文を読んだ現代の子ども達は、先ず、これは本当だろうかと、首をかしげるのではないでしょうか。そのようにひどくいじめられているときに、勉強して立派な人になろうと考えるだろうかと。また、仮に、そのことを素直に受け取ったとしても、それは、野口英世が偉かったからできたことで、自分にはとてもできないというとらえ方しかできないのではないでしょうか。

　人間誰しもが持っている弱さ・醜さにふたをした美談というものは、たとえ一種の感動を与えることができても、真に、子どもに生きる力を与えることはできないのではないでしょうか。言い替えれば、子どもが自分の生きざまとの間に接点を見つけられてこそ、初めて道徳の教材・資料は、生きてくると言えましょう。

　第3に、当初はかなり多かった西洋の偉人の逸話が次第に減り、その代わり日本の偉人の逸話が多くなってきたことが挙げられます。広く世界に

目を開かせることよりも、自国の優越性を強調した教科書を学ぶことによって、子どもの視野が狭くなったのではないかと想像されます。

　昭和20(1945)年の第二次世界大戦の敗戦まで存在した修身教育は、教育界において国家主義・軍国主義教育の象徴として否定的に批判されることが多いですが、戦前においても、修身科の改革について書かれた書物は存在します。また、実物の修身の教科書やそれを使った授業に接しなければ、正しい批判はできません[7]。特に、授業の実態については、当時授業を行った教員の記録文書は多少残っていますが、戦後約70年を経て、授業者・児童が高齢化し、存命者も少なくなることでわからなくなってしまったことが多くなってきました。さらには、修身の授業を受けた子どものその後の人間的成長はどうであったのかということも、問われなければなりません。残念ながら、この分野の研究は非常に遅れています。

　修身教育が行われていた時代には、国語においても、近づいてくる津波から村人の命を救うために、自分の家の刈り取った大切な稲に火をつけて危険を知らせた幕末の和歌山県の庄屋　濱口儀兵衛の伝記『いなむらの火』や賀茂真淵と本居宣長の出会いを描いた『松坂の一夜』のような歴史的な話が積極的に採り上げられました。また、国史では、人物とその業績が中心に採り上げられています。さらに、唱歌でも、「二宮金次郎」「加藤清正」「児島高徳」「水師営の會見（乃木希典）」「ワシントン」のような歴史上の人物の美徳を描いた叙事詩に作曲されたものが採り上げられました。さて、当時の子どもたちにとって、これらの教材は道徳的な教訓として受け止められたのでしょうか。それとも、面白い珍しい話として受け止めたのでしょうか。

④　戦後教育と伝記

　そのようなこともあってか、戦後は、逆に、偉人の伝記が道徳教育だけでなく、教育の場で活用されることが極めて少なくなってきました。例えば、国語の教材として採り上げられるときでも、昭和22(1947)年から昭和43(1968)年の学習指導要領改訂の時期まではかなりの比率で国語の教科書

で取り扱われていましたが、特に昭和52（1977）年の改訂以後は、激減しています。また、採り上げられる人物も、足尾銅山鉱毒問題に取り組んだ田中正造のような人や、山岳ガイドという地味な仕事を長年務めた志鷹光次郎のようないわゆる無名の人、ヘレン・ケラーやマザー・テレサのように社会的弱者やそれに積極的に寄り添ってきた人を採り上げる傾向が見られます[8]。

　終戦直後、文部省は、修身科の方法面の欠点を指摘した上で、道徳と社会認識の教育の密接な関係を重視し、新教科「公民科」の設置を構想していました。しかし、公民教育構想は、占領政策に反するとされ、「社会科」の設置を求められました。また、昭和23（1948）年国会で、「教育勅語排除失効確認決議」がなされ、「教育基本法」を制定しました。ところが、昭和25（1950）年の第二次米国教育使節団報告書では、道徳教育は社会科だけから来ると考えるのは無意味で全教育活動を通じて力説されなければならないと見直しを求めました。その結果、文部省は、学校における道徳教育は、社会科をはじめ各教科その他教育活動の全体を通じて行うこととしましたが、必ずしも所期の効果をあげているとは言えませんでした[5]。

　昭和33（1958）年の教育課程の改訂に当たり、学校の教育活動全体を通じて行う道徳教育を補充・深化・統合するための時間として、「道徳の時間」が特設されました。その後、昭和39（1964）年以後、「道徳の時間」に活用する資料（文部省資料）も開発されましたが、伝記も小学1年生以上学年が進むにつれてかなり多く登場するようになりました。しかし、これらの資料は教師用として学校に配布されただけで、子どもに配布されたわけではありません。また、現在に至るまで文部省資料を含む道徳の副読本が教育委員会で予算化されている地域ばかりではありません。教育課程は、学校に編成するものとされるため、都道府県・地域・学校・教師によって、道徳教育や道徳の時間に行われていることには差が大きいというのが現実です。従って、伝記が道徳の時間においてよく活用されているかどうかも差が大きいと考えられます。この時期において、学校として伝記資料を中心に道徳教育に取り組んだ実践研究としては、今治市立常盤小学校の「人

物による道徳指導」が挙げられます[9]。

　また、小原國芳は、昭和45（1970）年、道徳の教授に最も有効なものは、感激を与える適切な例話を豊富にもっていることであるという考えをもとに、童話・寓話や伝記の逸話を集めた1000ページを超える「例話大全集」を刊行しました[10]。

　小寺正一は、「道徳読み物資料の特質」[11]の中で、小学校副読本資料に採り上げられた登場人物を類別し、実在の人物を主人公とする資料130篇延べ131人について分析しています。その結果、学年が進むにつれて実在する人物が増加していることや、視点別では、視点１と４（改訂された学習指導要領ではＡとＣ）が多いことを検証しています。その理由としては、視点１（Ａ）と４（Ｃ）の内容項目が、葛藤を経験したり苦悩を重ねながら社会的業績を残したりした実在の人物の生き方と合致するからであろうと考察しています。また、現代社会を生きる人物を積極的に登場させようとしている傾向も指摘しています。その上で、小寺は、これらの資料における人物の描き方や人間関係の描き方が、模範的ないい話、できすぎた話があるがゆえに、現実社会や児童の生活とどう結びつけるかを絶えず意識されていかなければならないと結論づけています。

　最近では、中学生を対象にした、道徳教育をすすめる有識者の会編著『13歳からの道徳教科書』[12]や、小学校高学年からを対象にした『はじめての道徳教科書』[13]も平成24〜25（2012〜2013）年にかけて次々と発行されています。これらは、もちろん学校で教科用図書として使用される教科書ではなく、教科書として使われることを期して作成された資料集なのですが、その根底に共通するのは、

　①人物には、具体的な行動が示されていてわかりやすい。

　②人は価値に感動するのではなく、その価値を体現した人間に感動する。
という考えです。

　現行の学習指導要領は、小学校では、平成23（2011）年４月から、中学校では平成24（2012）年４月から全面実施されました。そこでは、第３章　道徳の第３指導計画の作成と内容の取扱いの中に３.「道徳の時間における指

導に当たって、次の事項に配慮するものとする。」として、その(3)に、「先人の伝記、自然、伝統と文化、スポーツなどを題材とし、児童が感動を覚えるような魅力的な教材の開発や活用を通して、児童の発達の段階や特性等を考慮した創意工夫ある指導を行うこと」と明記されています[14]。この理念は、平成27(2015)年3月に公示された新しい学習指導要領でも、「生命の尊厳、自然、伝統と文化、先人の伝記、スポーツ、情報化への対応等の現代的な課題などを題材とし、児童が問題意識をもって多面的・多角的に考えたり、感動を覚えたりするような充実した教材の開発や活用を行うこと。」という文言で引き継がれています[15]。

ところで、『私たちの道徳』には、伝記教材（資料）が読み物やコラム・言葉等のような形で数多く掲載されています。また、歴史的な偉人だけでなく、マラソンの高橋尚子、サッカーの澤穂希、体操の内村航平などのスポーツ選手やiPS細胞を開発しノーベル賞を受賞した山中伸弥ら、最近、活躍した存命中の人物が数多く紹介されています。死によって業績が確定した人物はともかく、存命中の人物を扱うにあたっては、配慮すべきことがあります。

『私たちの道徳』に読み物として登場した人物と、コラム・言葉等に登場した人物を一覧表にしてみました[16]。

『私たちの道徳』（読み物）に登場する人物

小学校（1・2）	小学校（3・4）	小学校（5・6）	中学校
二宮金次郎 ファーブル	高橋尚子 リンカーン 葛飾北斎	アニー・サリバン 中谷宇吉郎 野口英世 澤田美喜 小川笙船 加藤明	石井筆子

IV 道徳科における教材（資料）の活用　85

『私たちの道徳』（コラム・言葉等）に登場する人物

小学校（1・2）	小学校（3・4）	小学校（5・6）	
武者小路実篤	澤穂希	マータイ	毛利衛
日野原重明	マーキュリー	内村航平	奥村土牛
シラー	手塚治虫	豊田佐吉	マザー・テレサ
河合雅雄	俵万智	森光子	千住明
	千住真理子	向井千秋	山上憶良
	良寛	イチロー	立花暁覧
	牧野富太郎	ピタゴラス	野口英世
	天野篤	福沢諭吉	小林虎三郎
	小篠綾子	吉田松陰	坂本龍馬
	井深大	夏目漱石	新渡戸稲造
	石川啄木	十八代中村勘三郎	千玄室
	小泉八雲	マリー・キュリー	クーベルタン
		池田菊苗	尾本惠市
		ラボック	三枝成彰
		宮澤賢治	
中学校			
香川綾	世阿弥	山岡鉄舟	菊池寛
アリストテレス	西田幾太郎	孔子	渋沢栄一
ホラティウス	河合隼雄	ヴォルテール	ガンディー
フランクリン	松下幸之助	ジッド	ゲーテ
クラーク	貝原益軒	振分精彦	エマーソン
アウレリウス	新渡戸稲造	鈴木大拙	小津安二郎
スピノザ	チャップリン	シュバイツァー	鈴木邦雄
魯迅	若田光一	ケネディ	北里柴三郎
松井秀喜	アラン	緒方洪庵	内村鑑三
上杉鷹山	太宰治	ハイデッガー	国木田独歩
白洲次郎	マザー・テレサ	吉川英治	鎌田實
曽野綾子	正岡子規	フランクル	濱口梧陵
井上ひさし	夏目漱石	大木聖子	西岡常一
ボールドウィン	本田宗一郎	ワーズワース	岡倉天心
伊能忠敬	ゲーテ	杉原千畝	白洲雅子
柴田トヨ	キルケゴール	アンネ・フランク	野村萬斎
湯川秀樹	ロマン・ロラン	老子	嘉納治五郎
ユーゴー	新島八重	パスカル	緒方貞子
アインシュタイン	フィヒテ	ルソー	
サン＝テクジュベリ	与謝野晶子	西村雄一	
山中伸弥	倉田百三	吉野作造	

⑤　偉人伝を使った教育に対する反対論

　さて、偉人の伝記を活用した教育には、反対論やその問題点を指摘する意見もありますが、それらの意見を要約すると次のようになります[16) 17) 18) 19)]。

第1は、時代背景や、その人物の置かれた状況が、現代の子どものそれとは違いすぎるので、そのまま与えたのでは、子どもの生きざまと結び付きにくいというものです。

　第2は、偉人を尊敬するという考えは、立身出世主義につながり、偉人の生きざまを模倣せよという考えは、自分にやれないことをさせようとする権威主義につながるというものです。

　第3は、偉人伝は、成功者の話であり、成功したことそのものに価値があるというものの見方を植えつけることになりはしないかということを危惧するものです。

　第4は、特に、児童用の伝記は、その人物のよい面だけの記述に終始して、美化されているので、その人物の心のひだに触れていないことが多いので、そのような浅い人間理解のさせかたでよいのかというものです。

⑥　新しい視点からのアプローチ

　これらの考えの中には、傾聴し、取得すべきものもありますが、かえって、現代の教育のもつ問題点を浮き彫りにしているものもあります。そこで、これらの意見に対しては、次のように考えます。

　第1の考えは、確かに一理あります。しかし、偉人といえども、人間としての共通性がある以上、教師は、むしろ授業の中で、生きざまの接点を求める工夫をすべきではないでしょうか。もし、時代背景が違うものは理解しにくいからという理由で、偉人伝を教育の場から排除するならば、同様の理由で、古典や、歴史も排除しなければならないことになります。古典や歴史の教育は、結局、現在生きている我々に何らかの共通性や、示唆してくれるものがあるからこそ、大きな価値があるのではないでしょうか。

　第2の意見は肯定できません。このような考えをおし進めてきた結果が、怠惰なありのままの姿を出せば、それでよいのではないかという現代の風潮を拡げてきたとも言えましょう。理想も憧れもない人生の何とつまらないことでしょう。理想や憧れがいかに人間を高めてくれるかということについて、我々は、もっと真剣に眼を向けるべきであると考えます。

第3の意見は、一概には、そうとは言い切れません。偉人伝が成功者の話であるとは言い切れません。不遇のうちに死に、死んでから後になって初めてその価値が認められた者もいます。どんな人生にも失敗や失意のときがあります。誰も失敗することを望んだりしません。成功したか、失敗したかは、結果に過ぎないし、また、そのような考え方で指導すべきではないでしょうか。

第4は、確かにその通りであることが多いと言えましょう。だからこそ、その人物の心のひだに触れるような指導が望まれます。しかし、指導においては子どもの発達を考慮する必要があります。小学校低学年の子どもに、行為の動機や、ある行為を選択するまでの複雑な過程を理解させることは、困難です。また、その人物の悪い側面に焦点を当てて指導することによって、良い部分まで消えてしまうようになってはいけません。

そのような意味からも、今までとは違った視点から、偉人伝を見直し、取り上げていく必要があると考えます。そこで、私がこれまでに行った指導実践事例を交えながら、伝記と道徳教育の関連を探っていきます。ここで私があえて、道徳の時間や道徳科の指導と言わずに、道徳教育という言葉を使った理由は、伝記は、道徳の時間だけに限らず、国語や、社会を初め各教科や特別活動、あるいは総合的な学習でも扱うからであり、その基本的な考えには、共通するところがあるからです。

⑦　人間の弱さとそれを乗り越えた転機に焦点を当てた指導の在り方
(1)偉い人だと恐れ入らせるな

かつて、筆者が、道徳授業で野口英世を取り上げ、「不とう不屈」の価値について授業を行ったとき、英世が毎日のように学校で「てんぼう」とからかわれていたときに、どう対処したかを子ども達に予想させたところ、ほとんどの児童が、

「英世は、学校に通い続けた。」

と、答えました。さらに、その理由を尋ねてみたところ、

「野口英世は偉い人だから、それぐらいのことでは学校を休んだりさぼ

ったりしない。」

という反応が返ってきました。これは、事実と全く反対のことです。英世は、その辛さのため、不登校となり数日間山で昼間を過ごし、それを知った母の涙の説得で改心したというのが事実です。

　ここに、偉人伝を教材（資料）として扱うときの問題点が、集約的に現れていると言えましょう。子ども達は、野口英世は偉い人だから、偉いことをするに決まっていると、最初から恐れ入っています。これでは、本当の英世の人間としての悩みや弱さに触れることもなく、ひいては、その悩みや迷いを克服した英世の真の偉さに感動することも少ないと考えられます。

　そのようなことから、教材（資料）として偉人伝を扱うポイントの一つは、教材（資料）中の葛藤場面に焦点を当て、そこで起こったと想像される人物の迷いや悩みといった人間の弱さを掘り下げていくことであると考えます。そのことによって、教材（資料）と子どもたちの生きざまの間に接点を持たせることが可能となるでしょう。子ども達も、日々の生活の中で、たとえ時代や場面に違いはあっても、同じような迷いや悩みをもつと考えられます。近寄れないほど偉い人だと恐れ入らせるのではなく、自分達と同じだという気持ちを敢えてもたせる必要もあると考えます。

(2)ねらいに迫るために

　さて、授業を進めるに当たっては、まず何よりも、いかに本時のねらいに迫るかということを第一に考えるべきです。教材（資料）を全部通して与える場合は、感動を与えることを中心に考えた展開が多いですが、この場合でも、行間を読み取らせたり、感じ取らせたりすることによって、平板に流れないようにしたいものです。

①実践例1

　教材（資料）『タイヤの工夫』（原題『空気タイヤの発明』文部省資料Ⅲ－3－9）には、ダンロップが苦心して空気タイヤを発明するまでのことが描かれています。教材（資料）では、研究の過程で、初めに、次に、今度

は、と、工夫したことが次々と個条書きのように書かれています。これを
そのまま与えたのでは、ダンロップは、何の苦もなく次々と泉のようにア
イデアが浮かんできたかのようにとらえるかもしれません。しかし、実際
には、「初めに」と、「次に」との間には、研究がうまく行かず、失意のと
きがあったに違いないでしょう。その時の悩みを想像させることによって
こそ、それを克服したダンロップの真の偉さが理解できるのではないでし
ょうか。このような行間を読み取らせる工夫が大切です。また、ダンロッ
プをがんばり続けさせたものは何かということについて考えさせてみるこ
とも必要です。一つのことを成し遂げることの個人的な意義と、社会的な
意義を、きちんと押さえた上で指導に当たりたいものです。

②実践例２
　教材（資料）『ぬれた本』（原題『正直エイブ』文部省資料Ⅰ-3-9）には、
リンカーンが、少年時代に近所の人から借りた本を濡らしてしまったのを、
正直に謝っただけでなく、お詫びとして、三日間畑仕事をしたというエピ
ソードが描かれています。ここでは、本を濡らしたときのリンカーンの心
の状態に焦点を当てました。
　「このときのリンカーンは、どんな気持ちになったでしょう。」
　「自分がこんなことになったら、どう思うでしょう。」
　「リンカーンは、何故、お詫びに働いたのですか。」
このような発問によって、リンカーンの悩みや迷いが、自分の経験や生き
ざまと重ね合わさって浮き彫りにされてきます。また、行動を支えるもの
の考え方を話し合うことによって、正直・誠実という価値について、子ど
もの考えを高めることも可能です。「金を出して弁償すればいい。」とか、「後
でばれたら、もっと叱られるから謝る。」といった他律的な考えも、子ど
も達の話し合いを通して高めることが可能となります。

(3)転機に着眼させる
　生まれたときから偉いという人間はいません。伝記を読むと、必ずある

時期に大きく変わる転機が見られます。そのような転機に着眼させて、伝記教材（資料）を指導すれば、子ども達は、それと自分の生きざまの対比を通して、同じような場面における自分の行動を内省して、今まで気付かなかった自分の転機を発見できるのではないでしょうか。

①実践例3

　教材（資料）『やなぎとかえる』（文部省資料Ⅲ-1-10)は、小野道風が、何回失敗しても柳の枝に跳びつこうとし続け、ついに跳びついたかえるの姿を見て、今までの勉強に対する考えを改めるというものです。ここでは、それまでの道風の勉強に対する考え方と、辛いことはすぐ投げ出しがちな子ども達の姿を重ね合わせておけば、道風の人生における発見に対する感動は、より大きいものになるでしょう。また、何かをやり続けている体験をもっている子どもにとっては、そのような共通体験が、自信にもつながります。

②実践例4

　教材（資料）『やわらかいなわと、かたい石』（東京書籍　出典：大石真作『やわらかいなわとかたい石』　えらい人の話　実業之日本社）は、スペインの神学者イシドールの少年時代の逸話です。勉強ぎらいで、学校を怠けて悪い仲間と遊び回っていたイシドールが、ある日、井戸の硬い石が、柔らかい縄でこすれて凹んだことを見聞きして、今までの自分を反省して、自分の考えで行動することの大切さに目覚めるという話です。友達に引きずられて行動しがちな自分たちの姿を見つめさせた上で、この教材（資料）を扱うと、自律的に行動することの大切さについて考えを深めさせることができましょう。

　このように転機がはっきりと描かれているような教材（資料）においては、そこに着眼させて授業を展開することが大切です。それは、中心発問にもつながります。また、これは伝記教材（資料）に限ったことではありません。

『やなぎとかえる』は、小学校低学年の教材（資料）です。子どもたちは、小野道風よりもかえるのほうが偉いのではないかといったとらえ方をすることもあるかもしれません。かえるが偉いと思うのはよいのですが、かえるは、小野道風に努力の大切さを教えるために跳び続けたのではありません。かえるの姿を見て自分と重ねあわせることによって自分のあるべき姿を見つけた小野道風の偉さを押さえておく必要があります。このような教材（資料）のよさは、人間だけでなく、あらゆるもの姿や生きざまの中に、「自分を育てるこやし」を見つけてているところです。「自己教育力」が、現代の教育の大きなテーマになっている現在、このような教材（資料）は、一つの示唆を与えてくれます。

(4)生きざまの共通点を求める

偉人伝中の人物と現代の子どもでは、生きた時代や置かれた状況が違うので、すぐに自分の生きざまと結び付けにくいということは事実です。しかし、道徳科（道徳授業）で学ぶことは、人物そのものではなくて、ある人物を通して、一つの価値を中心にして道徳的な考えを高め深めることです。例えば、教材（資料）が、『二宮金次郎』であっても、二宮金次郎の人生そのものを学ぶのではなく、二宮金次郎を通して勤労という価値について学ぶのです。従って、ねらいとする価値に迫るのに、ある人物の伝記のエピソードが最もふさわしい場合には、積極的に利用すべきでありましょう。

また、行為そのものは同じでなくても、その行為を支える心情や考え方に共通性がある場合、そこに、子どもの生きざまの間に接点を持たせることが可能です。そのような考えに基づくと、一見結び付きにくいと思われるような、時代や場所の異なる人物の行為も、現代の子どもの生きざまと結び付けることができましょう。

①実践例5

教材（資料）『友達の赤シャツ』（青葉出版『小学生のあゆみ』　出典：鶴見正夫作『宮澤賢治』　偉人物語　学習研究社）には、赤シャツを着て登

校したために、級友からいじめられている友達をかばって、自分も明日から赤シャツを着て登校すると言った少年時代の宮沢賢治の姿が描かれています。これも、行為だけに目を向けると、このような行為は、なかなかまねのできることではありません。現実には、いじめられている友達をかばったためにかえっていじめのターゲットにされることさえありましょう。また、現代では、男の子が赤い服を着ることは普通のことで、珍しくないから、そのようなことでからかう者もいないでしょう。しかし、いじめは、異質なものを排除する心がもとになっていることも少なくありません。だから、そこに共通性を求めて、いじめられている友達を黙認できない気持ちに焦点を当てて指導すれば、最も有効で現代的な「信頼友情」の教材（資料）となり得ます。しかし、ここで

　「みんなは、宮沢賢治のように行動できますか。」

などと聞いたら、かえって逆効果です。それはかえって、賢治の行為に憧れている子どもの意欲に水をさすようなものです。

②実践例6

　教材（資料）『リストの弟子』（原題『大音楽家のなさけ』文部省資料Ⅰ－4-20）では、病気の家族の薬代を稼ぐために「リストの弟子」と偽ってコンサートを開こうとしていた女の人の事情を聞いたリストが、本当に自分の弟子にするという逸話です。これも、同じような場面を子どもが経験することは絶対にないでしょう。しかし、ここでは、相手の立場、事情を考えて行動する心を育てることがねらいです。それなら、相手の立場、事情をあまり考えずに行動することの多い自分たちの姿を見つめさせることによって、自分と教材（資料）の接点作りができます。私は、授業の導入で、手の骨を折ってギブスをはめて描いた子どもの絵を見せて、自由に批評させました。すると、出てくる批評のほとんどが、その絵の欠点でした。そこで、この絵の描かれた事情について話したところ、子どもたちは、初めて自分たちが相手の立場、事情を考えずに行動していることに気付きました。このような接点づくりも可能です。

IV　道徳科における教材（資料）の活用　93

　このように、視点の当て方によっても、伝記教材（資料）を生かして使うことができます。二宮金次郎の銅像を見て、今時このようなことをしていたら交通事故に遭うなどと言う人がいますが、このような人は、物事の現象面・皮相しか見えない人と言わざるを得ません。このような考えがいかに本質から外れているかは、むしろ子どものほうが見抜いているかもしれません。要するに、教師の人間観の浅さ・深さが授業にも日々の指導にも反映します。

(5)結果だけに目を向けない

　偉人伝が成功者の美談になりがちなのは事実ですが、成功したから偉いといった考えで指導すべきではありません。世の中には、善い動機で物事を始め、その過程において努力したのにもかかわらず、結果的には失敗することや、世に認められないこともあります。逆に、自分の欲望を満たすためだけにしたことが、結果として大成功することもあるからです。

　例えば、地動説を唱えたために宗教裁判にかけられたガリレオや、幕府が朝廷に無勅許で日米修好通商条約を締結したことを知って討幕を表明したため安政の大獄で処刑された吉田松陰のような人物もいます。また、生前はあまり高い評価を受けることがなく、死後になってその作品が高く評価されるようになったゴッホやシューベルトや宮澤賢治のような人物もいます。

　アムンゼンが、自分の悪口を言い回っているノビレ将軍を救うために北極へ向かい、そのまま行方不明になって死んだ話は有名です。結果から見れば、アムンゼンは、この点に関しては明らかに失敗者です。しかし、この行動があったがゆえに、アムンゼンは、ただの極地探検家としてではなく、すぐれた生き方をした人間として後世に残ったと言えましょう。これは、成功・失敗を越えたものです。

　そこで、小学校の中・高学年で、成功者の伝記（偉人伝でなくても）を扱うときには、次のような発問をすることも有効です。

　「もしも、成功していなかったら、その人の生き方は、何のねうちもな

かったのでしょうか。」

　この発問によって、子ども達は結果よりも、動機や、その結果を生み出すための過程こそが大切だと考えるようになります。また、そのようなものの見方をつけていくことが、現実の生活においても、人間を理解する上で大切です。学年に応じて、少しずつ動機まで考えられる子どもに育てていきたいものです。そして、何よりも、人間が懸命に生きることの尊さを感じることのできる子どもに育てていくことが望まれます。

(6) 教師の人間理解

　特に歴史上の人物や伝記を授業で取り扱うときには、教師の人間理解の深さが授業に反映します。物事の結果や皮相しか見えなければ、授業は、所詮底の浅いものになり、場合によっては、本質から逸れたものにさえなります。また、物事を一面からだけで見ていると、片寄った見方になってくる、そのような意味からも、複眼的思考が求められます。

　シュバイツァーは、20世紀初頭から約半世紀にわたって、ガボンのランバレネにおいて病気に苦しむ人々の救済のためその地に向かい医療に尽くしました。その功績によってノーベル平和賞を受賞し、世界の聖者の一人に数えられていますが、その地においてあまりよく言われていないというのが現実です。その理由は、シュバイツァーが、自らの神学思想を現地の文化より優先し、また同時代の知識人たちの多くと同様に、白人優位主義者の側面をもっていたことなどです[20]。

　このように、偉人伝に取り上げられるような人物といえども、何らかの人間的欠点を持っているのは、むしろ当然のことです。いろいろな側面をもっているのが人間です。しかも、全く反対の側面が同居していることも決して珍しくありません。例えば、野口英世は、ヒューマニストでエゴイスト、孝行息子にして道楽息子、細菌王にして借金王、日本人にして世界人であり、そのどちらが欠けても、野口英世ではありません。教師は、人物の多面的理解を心がけねばなりません。

　しかし、特に小学校教育の場において、そのすべての面を教える必要が

あるかと言えば、それは別問題です。例えば、小学校低・中学年の子ども
に、野口英世は、金遣いが荒く、お金が入れば一晩で飲んでいたと教えて
から、その後で親孝行をしたと教えても、よい方は印象に残らず、悪い方
だけが印象に残ってしまうでしょう。高学年や中学生になれば、幼少年期
において貧しい中で育ち、お金の計画的な使い方を学ぶことのなかった野
口英世が、金遣いが荒くなったことについてある程度理解できるかもしれ
ません。しかし、これとても、教師がそのようなことについて示唆を与え
なければ子どもが自ら気付くことは難しいのではないでしょうか。いずれ
にせよ、事実であるということと、教えてもよいということは、別問題で
す。これは、歴史教育において人物や事件について指導する場合にも共通
する考え方です。

　教師は、人間の多面的理解と共に、指導に当たって、何を教え、何を教
えないかを選択すべきです。道徳科（道徳の時間）の指導の場合において
は、その時間のねらいに迫るのに有効かどうかということが一つの基準に
なるでしょう[16]。

(7)存命中の人物を扱う場合の留意点

　『私たちの道徳』には、現代の各界の有名人の言葉等がコラムのような
形で多数掲載されており、また、存命中の人物がかなり多く採り上げられ
ています。とりわけ、スポーツ選手は、子どもたちにとって身近な存在で
ある故に採り上げられています。スポーツ選手の多くは、10代から20代に
かけて優れた記録や業績を残し、ヒーローとなります。また、厳しい練習
を通して短期間で高度な人格形成をする人も多くみられます。そこまでに
至る努力や創意工夫は尊いものです。しかし、平均寿命が約80歳の現代に
おいては、スポーツ選手であった期間は、人生の序章に過ぎません。その
後の人生においてつまずくこともありましょう。極端な例ではありますが、
オリンピックのメダリストが、受刑者となるケースもあります。存命中の
人物を取り扱う場合には、その人物の言葉が生まれた背景を考えたり、そ
の成功に至るまでの創意工夫や努力に目を向けさせたりすることが大切で

す。たとえ、教師がその人物に対して好意を強く感じていても、指導に当たって、それを前面に出してはいけないし、子どもたちをその人物のファンに仕向けるような扱いをしないように留意すべきです。

(8) 人物のコラムや人物の言葉を扱う場合の留意点

人物のコラムでは、ただその人物が偉かったということで止まるのではなく、その人物の業績を支えたものの考え方に焦点を当てた指導が望まれます。また、それを子どもたちの生き方につなげるような発問が求められます。

例えば、「植物と共に生きた人　牧野富太郎」を扱う場合には、子どものころから植物が大好きで、観察したり、絵にかいたり、名前を調べたりしたところに留意して指導すれば、理科の植物栽培や観察で工夫したことと結び付けることができます。そして、学級の中で地味に見られているような児童に光を当てることもできましょう。

人物の言葉については、その人物について深く掘り下げるよりも、その言葉はどういうことを言っているのだろうかと問いかけて、意見を出し合う授業、特に小学校高学年や中学生では討論につなげるような授業展開が望ましいでしょう。

なお、フランスでは、現在「公民・道徳教育」という教科を設定しています。そこでは、格言を使って指導する方法も、よくとられています。例えば、「自由は無知が終わるところから始まる」というような格言を使って，それはどういう意味なのだろうということを子どもたちと一緒に話し合うという授業があり、日本でも参考になるところがあります。

例えば、小学校1・2年生にフリードリヒ・フォン・シラーの「友じょうは、よろこびを二倍にし、悲しみを半分にする」という言葉を扱うときに、シラーの人と業績を詳しく伝える必要はありません。

「これは、どういうことを言っているのでしょう。」
という発問で言葉の共通理解を図り、

「こんなことを感じることはありますか。」

という発問で、学級内外でのなかよしの実例を挙げさせるような指導が望ましいと考えます。

　小学校5・6年生にワンガリ・マータイの「『もったいない』を世界共通の言葉に」を扱うときには、

　「マータイは、なぜこんなことを考えたのでしょう。」
という発問でマータイの気付きをとらえ、

　「自分たちの生活の中にある『もったいない』を考えましょう。」
という発問で討論を行い、自分たちとの接点をもたせ、自分たちの生き方に返していくような指導が望まれます。

(9) まとめ

　以上のようなことから、伝記（偉人伝に限らない）は、有効な道徳教育の教材（資料）になると考えられます。しかし、取り扱いには、留意すべきことがあります。それをまとめると次のようになります。

①偉人といえども人間であるから、悩み・迷いと言った弱さがあり、そこに焦点を当てることによって、子どもの心との重ね合わせを図ります。
②転機に着眼させ、それを通して、自分の今まで気付かなかった心の転機に気付かせます。
③人物の業績や行為そのものよりも、その行為を支えたものの考え方や心情について堀り下げ、ねらいとする価値に向かって考えを深めさせます。
④成功・失敗という結果よりも、人間が懸命に生きた姿の尊さに目を向けさせます。
⑤存命中の人物を取り扱う場合には、その成功に至るまでの努力と工夫に目を向けさせます。
⑥人物の言葉を扱う場合には、学年が進むにつれて、自分たちの生き方につながる討論に発展するように方向づけます。

　このようなことを通じて、伝記教材（資料）は、子どもの生きざまとの間に接点を作ることが可能となるでしょう。また、そのような接点を持た

せてこそ、有効な指導ができると考えます。「悩みを通して歓喜に至れ。」というベートーベンの言葉は、葛藤を通した感動こそが、より大きなものになることを述べています。教師は、指導に当たっては、複眼的な視点をもって、その人物を読み解き、子どもの発達に応じて教材（資料）として提供していくことが求められます。

(参考・引用文献)

1. サミュエル・スマイルズ著　中村正直訳(1981) 西国立志編　講談社学術文庫
2. SirHaroldG.Nicolson(1927) The Development of English Biography, Hogarth Press
3. ノーマン・ブル著　森岡卓也訳(1977) 子供の発達段階と道徳教育　明治図書
4. ウィリアム・J・ベネット著　大地舜訳(1997) 魔法の糸―こころが豊かになる世界の寓話・説話・逸話100選―　実務教育出版
5. 貝塚茂樹著(2009) 道徳教育の教科書　31-53　学術出版会
6. 文部省編(1937) 尋常小學修身書巻四　99-100　文部省
7. 幾田伸司著(2012) 戦後小学校国語教科書における「伝記」教材の変遷　鳴門教育大学研究紀要第27巻　215-224.
8. 今治市立常盤小学校著(1967) 人物による道徳指導　明治図書
9. 小原國芳編(1970) 例話大全集　玉川大学出版部
10. 小寺正一著(1995) 道徳読み物資料の特質―小学校副読本資料における人物の扱い方―　道徳教育方法研究創刊号　25-34　日本道徳教育方法学会
11. 道徳教育をすすめる有識者の会編著(2012) 13歳からの道徳教科書　育鵬社
12. 道徳教育をすすめる有識者の会編著(2013) はじめての道徳教科書　育鵬社
13. 文部科学省編(2008) 小学校学習指導要領　106　文部科学省
14. 文部科学省編(2014) 私(わたし)たちの道徳　文部科学省
15. 文部科学省編(2015) 小学校学習指導要領　97　文部科学省
16. 藤田善正著(1997) 感動と感化で創る道徳教育47-59　明治図書
17. 深川恒喜著　図書館教育研究会編(1959) 読書による道徳教育　55-71　学芸図書株式会社
18. 小原國芳著(1957) 道徳教育論　140-152　玉川大学出版部
19. 石川佾男・竹ノ内一郎編著(1990) 小学校　新しい道徳の構想と実践154-155　東京書籍
20. 寺村輝夫著(1990) アフリカのシュバイツァー　童心社

IV　道徳科における教材（資料）の活用　99

2　集団や社会に対する愛を扱う授業で配慮すべきこと

(1) 子どもの実態をふまえて[1]

　あらゆる授業には、陥りやすい落とし穴があります。それは大別すると、指導者が子どもの実態を把握していないことに起因するものと、指導者のものの考えが狭小であったり、教材（資料）研究が不足したりすることに起因するものに分けられるでしょう。特に道徳においては、子どもの実態を把握せずに授業を行うと、思うような授業展開ができないだけでなく、子どもの心を傷つけてしまうことさえあります。また、指導者のものの考えが狭小であったり、教材（資料）研究が不足したりすると、それがそのままのかたちで子どもに伝わってしまいます。

　さて、視点Ｄ(3)集団や社会に対する「愛」や「大切にする心」を取り扱う場合、諸般の事情で、対象となる人やものを愛したり、大切にしたりすることが難しい子どもがいるかもしれないという前提のもとで授業を研究していくことが求められます。とりわけ、「愛」の付く内容項目は、規範意識だけで扱えないところがあります。

　極端な例ですが、親から虐待を受けている子どもは、親の愛情を受けて穏やかに育っている子どもと同じような家族観をもっているとは考えられません。また、学級でいじめにあっている子どもは、学級や学校に対して愛着を感じ、大切にしようと思うでしょうか。しかし、それは、そういう子どもがいたら、道徳の授業で家族の問題や学級・学校の問題を扱ってはいけないということではありません。そういう子どもに対して配慮した授業展開や指名をすべきであるということです。

　また、郷土愛、愛国心、国際理解・国際親善等を取り扱った教材（資料）は、子どもにとって身近なものでないこともあります。例えば、郷土愛の授業においては、「郷土教材（資料）」を使って行うことがよくありますが、子どもは都道府県・市町村・民間会社が作成・編集した資料集や副読本の「郷土教材（資料）」をどう受け止めているでしょうか。年少の子どもになるほど、自分の住んでいる「まち」だけが郷土であって、隣の「まち」のことでさえ、自分の郷土のこととは思えないのではないでしょうか。だか

ら、どのような教材（資料）を選定することが、その学校・学年・学級の子どもにとって理解しやすいのかを検討する必要があります。

そこで、それぞれの内容項目ごとに、陥りやすい落とし穴と、それからの脱却について具体的に述べていきたいと思います。

(2)家族愛の場合

学級に40人の子どもがいれば、家族の形態や、家族のつながりの深さは40通りあるといってもよいでしょう。最近では、どこの学校でも両親揃っている家庭の比率が低くなってきています。校区によっては、児童養護施設から学校に通っている子どももいます。子どもは、家族のことを考えるとき、年齢が低いほど自分の家族を基準にしてものを考えます。教材（資料）中の人物の家族と自分の家族とがあまりにもかけ離れていると、理解し得ないこともあります。

家庭環境は調査済み？

家族愛を扱った授業で特に気をつけなければならないのは、その子どもにとって語りたくないことを無理に語らせたり書かせたりしない配慮です。「こんなとき、あなたのおうちではどうしていますか。」的な発問が、子どもを傷つけることが少なくありません。その子どもが何を語りたくないかを知ることは、子どもの内面の問題で、また個人差もあり、たやすくありませんが、それだけに、ふだんからの子どもとの接触、前担任からの引継ぎ、家庭訪問などを通して家庭環境について調査するとともに、教師の「察する心（人間洞察の知恵）」が求められます。また、保護者からの手紙を読むことで家族の愛情に気づかせるような授業展開は、もしも、手紙がもらえない子どもが一人でもいたらということを真っ先に考えられることが大切です。そういう教師ならば、学校からの手紙を配布する際に、

「お母さんに、はんこをもらってきてください。」

ではなく、

「おうちの人に、はんこをもらってきてください。」

という言葉を使えるでしょう。もちろん、全員手紙がもらえるような学級であれば、そのような手紙を読むような授業展開も可能であり、また有効です。

　道徳の授業の終末には、子どもの作文を読ませたり、指導者が読んだりするようなことがあります。しかし、その作文をみんなの前で公開されるのはいやだなあと子どもが感じる場合があります。家族愛を扱った授業では、特に家族の人間関係やいろいろな家庭の事情が丸わかりになるからです。たとえ、子どもが承認しても、保護者が嫌がる場合もあります。授業の前に、本人や家庭にこの作文を読んでもいいかどうか確認をとっておくことが大切です。それがお互いの信頼感につながります。

　　　ほのぼのとした作品が共感を生む
　前述したように、いろいろな家庭があり、今現在、家族愛において満たされていない子どもでも、その子どもが将来よい家庭を創ってほしいと願って教師は指導すべきです。そのようなことを考慮して、家族愛を扱った教材（資料）を考えると、親の無償の愛の尊さに気付かせる「お母さんのせいきゅう書（ブラッドレーのせいきゅう書）」(私たちの道徳　3・4年)や「ぼくが生まれた日　ドラえもん」(藤子・F・不二夫原作　文溪堂　4年) などが有効です。
　特に、「ぼくが生まれた日　ドラえもん」は、自分は愛されていないと悲観するのび太が、タイムマシンに乗って自分の生まれた日に行き、両親の喜ぶ姿を知って変容する姿が描かれています。そこで、この教材（資料）を使って次のような発問を考えてみました。

本時のねらい：教材（資料）「ぼくが生まれた日　ドラえもん」ののび太
　　　　　　　の気付きを通して、親の願いを知り、家族の一員としてで
　　　　　　　きることをしようとする。
（導入）
　「みなさんが、『家族っていいなあ』と思うのは、どんなときですか。」

（展開）

　「お父さんとお母さんにしかられたのび太は、どんなことを考えたでしょう。」

　「病院の廊下で、お父さんとお母さんの話を聞いたのび太は、どんなことに気が付いたでしょう。」

　「のび太が生まれたことを喜んだのは、お父さんとお母さんだけでしょうか。」

　「のび太は、お父さんとお母さんに喜んでもらうためにどんなことを考えたでしょう。」

　「自分が今、家族のためにできることは何か考えてみましょう。」

（終末）

　「CD『僕が生まれた時のこと』（作詞・作曲 安達充）を聴きましょう。」[2]

(3)学校愛の場合

　「愛校心」や「愛級心」は、何故必要なのでしょうか。それは、その学校や学級で学んでいるということが子どもの自信と誇りにつながるからです。子どもが、学校は楽しいと感じるのは、学習がよくわかり、人間関係がよいからではないでしょうか。学校や学級が荒れていたら、学校は楽しくないし、そのような中では、「愛校心」や 「愛級心」は育ちにくいものです。また、

　「あなたの学校や学級のよいところはどこですか。」

と尋ねたときに、漠然とした答えしか返ってこないのは、そういうことを日頃あまり意識しておらず、入学以来ずっとその学校に在籍していたら、他の学校や学級との比較がしにくいこともあるでしょう。

　　　転校したばかりの子はいない？

　「愛校心」や「愛級心」は、日々の学校生活を通して徐々に育っていくものですが、それだけに、転校したばかりの子どもにとって、それはすぐには身につかないものです。それどころか、言葉（方言）や校則などの学

校文化の違いから、カルチャーショックを受けて、不適応を起こす場合もあります。転校生は、少数者の弱い立場にあります。だからこそ、「よりよい学校生活・集団生活の充実」の授業において、転校生には、前にいた学校のよさを語らせることも必要です。そのことを通して、学級の子どもたちに、自分たちがこれまで気付かなかったことや、相対的なものの見方を身につけさせることが可能になります。また、教師はそのような指導をすることが求められます。

　　学年・学級に応じた内容？
　教材（資料）は、ある学校や学級をモデルにして描かれています。しかし、教材（資料）と自分の学年・学級と何らかの接点がなければ、考えを深めることができません。ただし、この接点は描かれている活動や場面が同じであるということでなく、その活動を支える人物のものの考え方に共通点があるということです。教師は、教材（資料）の選定にあたって、学級の子どもの生きざまと教材（資料）に接点を作ることができるかどうかという点を大切にしたいものです。
　例えば、「みんな待っているよ」（私たちの道徳3・4年）は、院内学級に通う主人公というかなり特殊なケースが描かれていますが、かえってそのような体験をすることで、これまで当たり前と考えていた学級のよさを再発見するという教材（資料）です。毎日生活することでかえって気付かなくなっていることに目を向けるような指導が大切です。

本時のねらい：教材（資料）「みんな待っているよ」のえみの気付きを通
　　　　　　　して、学級の一員としての自覚を高める。
（導入）
　「この学級のよいところと課題は何ですか。」
（展開）
　（「院内学級」の説明を聞く）
　「院内学級に通うことになったえみは、どんなことが心配でしたか。」

「あさみは、どうしてえみに声をかけたのでしょう。」

「手術を前に、えみはどんな気持ちでしたか。」

「『みんな、待っているよ』という絵や手紙をもらった「えみ」は、どんなことに気付きましたか。」

（終末）

「自分が今、学級のためにできそうなことは何か考えてみましょう。」

(4)郷土愛や愛国心の場合

　それぞれの地域では、郷土のために貢献した人とその美しい行いが語り継がれてきました。しかし、都市化、核家族化や学校における伝記教育の軽視の結果、子どもに伝えたい「よい話」が埋もれてしまうようになってきました。ただ、郷土愛は、とかく「おらが国さの……」となりがちです。教材（資料）の選定においては、題材は地域の人物、文化、行事を採り上げながらも、価値的には、地域にとらわれない普遍性のあるものを選定すべきです。倫理は共同体の中でしか生まれませんが、新興住宅地の学校などでは、郷土意識や共同体意識も低いというのが現状です。学校と地域が連携して行事等を通して、子どもたちに「ふるさと意識」を育んでいくことが大切です。それが、やがて同心円的に広がって愛国心や国際理解を育むことにもつながります。

現場は実踏済み？

　郷土教材（資料）の中には、治水、産業振興、福祉等に貢献した人の話が採り上げられることがありますが、文字で描かれたものと現場にはギャップがある場合があります。教師が想像で語ると、子どもの脳裏にあやふやな像を結んでしまうこともあります。可能であれば、著書等で確認したり、現場に行ったりして写真を撮っておくなどしておくとよいでしょう。

事実確認した？

　伝統的なお祭りの起源など、今でははっきりわからなくなっているもの

や、二通りの説があったりすることもあります。また、古い言い伝えには、科学的にはありえないことがあったり、数字が大げさになっていたりすることがありますので、事実確認をしておくことが求められます。例えば、川が氾濫して大きな被害が出たことが「首がたくさんある蛇が暴れて村人を苦しめた」という言い伝えになっているようなケースもありますので、教材（資料）化するにあたっては、その説明をきちんとすることが大切です。

　また、郷土の歴史や地理・伝統産業に題材をとったものは、道徳科（道徳授業）よりも総合的な学習の時間に地域のゲストティーチャーを活用して行うほうが効果的なこともあります。道徳教育を推進するためには、道徳科（道徳授業）と他の教育活動で行われる体験活動を関連付けた年間指導計画を立てることが必要です。その上で、道徳科（道徳授業）をどのように位置づけるかを検討することが大切です。

　「私たちの道徳」に描かれた日本の伝統
　「わたしたちの道徳」1・2年には、「ぎおんまつり」という教材（資料）が載っています。京都市の中でも祇園祭に関わっている地域の子どもたちや観光で祇園祭を見たことのある子どもたちにとっては、身近な教材（資料）でしょうが、その他の地域に住んでいる子どもたちにとっては、たとえニュースなどでその一面を見たとしてもわかりにくい教材（資料）かもしれません。もしも、地域の伝統行事があれば、関連付けて指導するとよいでしょうが、新興住宅やマンション群に住む子どもたちには理解しにくいこともあると考えられます。だからこそ、各地域の郷土教材（資料）の活用が求められるのです。また、「私たちの道徳」3・4年には、「和食」が紹介されています。これは、道徳科（道徳授業）よりも給食に和食のメニューが出ることがありますから、それと関連付けて指導することが具体的で効果的です。5・6年には、剣道・書道・華道・茶道の写真が載っていますが、これは、道徳科「人間をつくる道　剣道」の導入として、
　「なぜ、この写真にはみんな"道"という字がついているのでしょう。」

という発問と共に使うこともできます。

本時のねらい：教材（資料）「人間をつくる道　剣道」のぼくの気付きを
　　　　　　　　通して、日本の伝統文化について考えを深める。

（導入）
　「なぜ、この４枚の写真にはみんな"道"という字がついているのでしょ
　う。」
（展開）
　「ぼくは、けいこをしながらどんなことが不満でしたか。」
　「先生に叱られて、ぼくが初めて気が付いたことはどんなことでしょう。」
　「先生は、なぜこんな時にぼくを叱ったのでしょう。」
　「重かった防具が、心なしか軽く感じられたのは、なぜですか。」
　「４枚の写真の"道"にはどんな意味があるのでしょう。」
（終末）
　「日本のその他の伝統文化で、いいなあと思うものはありませんか。そ
　れは、どんなところをよいと思うのですか。」

　　　愛国心や伝統文化の場合
　愛国心は、国民国家の成立後、どこの国民も程度の違いはあれもってい
る心情ですが、とかく熱っぽくなり過ぎて対立を引き起こす面があります。
例えば、オリンピックをはじめ、野球のワールド　ベースボール　クラシ
ックやサッカーのワールドカップのようなスポーツの国際試合においても、
そのような姿が各所に見られます。また、伝統文化については、指導者の
教師自身がよく知らないということもあります。
　そのようなこともあってか、いろいろな道徳教育に関する調査でも、愛
国心の授業は、教えにくいという声があり、その実施率も、他の内容項目
に比べて低い傾向が見られます。愛国心を授業で取り扱う場合は、伝統文
化や先人の努力をとりあげた普遍性のあるものにすると同時に、国際社会

における日本を考えるとき、自国だけでなく他国のよさを見るようなバランス感覚のある指導の配慮が求められます。

子どもや家族の国籍は？

愛国心を扱うとき、日本にあるよい伝統や文化を扱うことは当然のことですが、民族的少数者に対する配慮が求められます。外国籍の子どもがいる場合はもとより、家族に外国人がいたり、帰化していたりする場合もあります。日本の文化も外国の影響を受けながら次第に発展してきたことを押さえておくべきです。特に、外国籍の子どもがいる場合や、外国にルーツのある子どもがいる場合、その子どもたちが自信と誇りをもって生きていくことができるようにするためにも、併せて国際理解教育の指導を行うことが必要です。

また、愛国心＝思想的に右寄りという偏見は払拭しなければなりませんが、そのためにも、教材（資料）の選定において普遍性のあるものを選ぶことで誤解を生まないようにする努力は必要です。日本のよさを強調するあまり、他国を否定的に見ることは慎まねばなりません。一方、日本の過去や現在の悪いところばかりに目を向けさせることで、日本を嫌いにさせるような偏った指導に問題があることは言うまでもありません。

(5)国際理解・国際親善の場合

いきなり、外国や人類や地球のことを考えましょうと言われても、子どもにとってはピンとこないというのが現実でしょう。もっと身近な具体的レベルの問題を示していくことが大切です。地域に在住の外国人をゲストティーチャーとして活用することもその一つでしょうし、各校で取り組んでいる赤十字やユニセフの募金活動の実際やその意義を考えることを通して、国際親善にアプローチすることは可能です。また、ごみ問題や環境問題を通して世界や地球全体の問題にアプローチすることも可能です。

黄色い太陽の理解

　幼児や小学校低学年の子どもに屋外の絵を描かせると、曇りの日であっても、真っ赤な太陽を描く子どもが多いのに驚かされます。真っ赤な太陽を描くと、何となく絵が幼稚に見えるので、私は、低学年の子どもに遠足の絵などを描かせるときには、太陽そのものを描かせないように指導してきました。それが、子どもの本性を歪めるかもしれないと知りつつ。

　ところが、海外で学ぶ小学生が図画工作の授業で太陽を描くとき、外国の子どもとトラブルを起こすことがあると言います。つまり、日本の子どもは赤色を塗り、外国の子どもは黄色を塗り、相ゆずらないからです。どうしてこんなことが起きてしまうのでしょうか。

　日本人は、太陽に対して特別な親近感を持っています。それは、農耕文化の中で育まれたものでありましょう。子どもたちがてるてる坊主を作ったりする行動は、決してさせられてしている行動ではありません。血の中に受け継がれた行動とも言えましょう。だから、真っ赤な太陽を描くのも、太陽に高い価値を持っていることのあかしでしょう。一方、砂漠の国などでは、太陽はむしろ作物を枯らせ、酷熱のために人々を苦しませる敵であり、月や星こそ親近感を持てる存在でありましょう。そのことが、太陽を黄色く描かせているとも言えます。だから、これはどちらが正しいといったものでなく、どちらも正しいのです。トラブルの原因は、お互いの文化を理解していないことによります。

　小学生に日本の文化・伝統や、他国の文化・伝統を知らせることは難しいことです。第一に、教える教師の方がよく知らないことも多いものです。しかし、これは学んで伝えていくべきことです。世界が狭くなったと言っても、まだまだ誤解や偏見による悲劇は少なくありません。日本の文化・伝統を尊重する心情は、同時に他国のそれを尊重することに通じなければなりません。第三の開国と言われる「国際化」は、このような考えのもとに行われるべきでしょう。

現実世界から遊離していない？

開発途上国の医療に献身した医師の生きざまを描いた教材（資料）を通して、国際理解や人類愛の価値を掴ませるといった道徳授業がこれまで多かったのではないでしょうか。確かに、このような教材（資料）には、感動を呼ぶ要素はあっても、子どもたちの生きざまの間の接点はほとんどありません。こういう「よい話」を聞くことが、人間の成長にとっては大切だとは思いますが、もっと、現実世界に結びついた教材（資料）を選定すべきだと思います。こういう領域では、いろんな分野で国際貢献をしているゲストティーチャーを呼んで、話を聞いたりすることも、このような遠い世界のことを身近なものにするためには有効です。それと、道徳科（道徳授業）をどう結び付けるかが課題になります。

これまでは、小学校高学年になって国際理解・国際親善の内容項目が登場してきましたが、新しい学習指導要領では、低学年から登場します。それならば、新しい教材（資料）の開発と共に、低学年から高学年まで同じ内容項目を指導していた昭和の頃の副読本に掲載されていた国際理解を扱った教材（資料）の中から、新しい学習指導要領の内容項目に合致したよい作品に目を向けることも必要となってきます。例えば、「青い目の人形」（東京書籍　3年）は、1927年にアメリカと日本の子どもたちの間で人形を贈りあったのが、戦争のため子どもたちの前から姿を消し、半世紀後いろいろなところから見つかって、展覧会を行い、里帰りしたという実話がもとになっています。このような教材（資料）はまさに国際理解・国際親善の価値を体現しており、その底流には平和の尊さがあります。戦争の悲惨さを通して命の尊さや平和の大切さを伝える平和教育だけでなく、このような国際親善を通した平和教育も必要ではないでしょうか。

本時のねらい：教材（資料）「青い目の人形」の子どもたちの国際交流の
　　　　　　　姿を通して、国際親善の大切さについて考えを深める。

（導入）

　（『よし』『だめ』。というフラッシュカードを見て）「これは、何に使わ

れていた言葉でしょう。」

（第二次世界大戦中、野球の『ストライク』と『ボール』をそう呼ばせ
ていたことを知らせ、その背景について補足説明する。）

（展開）

「アメリカの子どもは、どうして人形を贈ってくれたのでしょう。」

「日本の子どもは、それをもらってどう思いましたか。」

「人形が、子どもたちの前から姿を消したのはなぜでしょう。」

「戦後、この人形の展覧会をしたり、里帰りさせたりしようとしたのは
なぜですか。」

「大人たちは、子どもたちの願いをきいたのはなぜですか。」

「この話から、あなたはどんなことに気付いたり、考えたりしましたか。」

（書く）

（終末）

「CD『青い目の人形』（野口雨情作詞　本居長世作曲）を聴きましょう。」[3]

（参考・引用文献）
1．藤田善正著(2006) 授業の落とし穴からの脱却　家族愛、学校愛、郷土愛、愛国心、
　　人類愛の授業への配慮事項とその対策　明治図書　月刊　道徳教育　11月号
2．安達充著(2011) 僕が生まれた時のこと(CDブック)〜お父さんお母さんへ10のあ
　　りがとう〜　プレジデント社
3．松村直行著(2011) 童謡・唱歌でたどる音楽教科書のあゆみ　和泉書院　218〜220

3 生命や自然、崇高なものを扱う授業で配慮すべきこと

（1）内容項目の視点に「生命」が加わった意義

　現行の学習指導要領では、視点3と視点4がそれぞれ、

3．主として自然や崇高なものとのかかわりに関すること。

4．主として集団や社会とのかかわりに関すること。

　となっていましたが、学習指導要領の一部改訂によって、

C　主として集団や社会との関わりに関すること。

D　主として生命や自然、崇高なものとの関わりに関すること

と順序が変わり、内容項目の視点に「生命」が加わりました。生命のいろいろな側面にふれさせることが、豊かな人間性につながることにつながります。また、生命の尊さを深く感受することが、いじめや非行の防止にもつながります。ところで、「生命」の尊さは、次のような教育活動を通して、少しずつ身についていくものと考えられます。

> (1)誕生の喜びと感動……誕生、動植物の世話、生命のかけがえのなさ
> (2)成長の支援への感謝……生命への気付き、成長
> (3)限りある命の尊さ……老、病気、死
> (4)理解し合う心に支えられた命……家庭愛、あいさつなどのコミュニケーション
> (5)尊い命を守るために……人に元気を与える言葉・傷つける言葉、いじめの防止、防災教育

　ここに挙げられた「生命」を感じる機会は、学校教育だけでなく、家庭教育や地域の教育によっても身についてくるものと考えられます。また、道徳科（道徳授業）でも、積極的に採り上げることによって、目に見えない「生命」を感じることができるような教育が求められています。しかし、生命尊重の教育につながる学校教育活動は、指導者が意識して生命の不思議さや尊さを指導しないと、飼育活動や栽培活動をしても「小動物はペットとしてかわいいなあ。」「お花はきれいだなあ。」といった感覚しか育たないのではないでしょうか。給食を通して、人は他の動植物の生命をいただいて生きているという教育をしなければ、「今日は好きなメニューだ。」「今日は嫌いなメニューだ。」というレベルの心しか育たないのではないでしょうか。

(2)「生命」を感じさせる道徳授業

　ここでは、①誕生・成長や　②いじめ防止や　③死の問題を道徳授業で扱う場合の教材（資料）の読み解き方や、発問について低・中・高学年の教材（資料）を使って考えてみましょう。

① 　教材（資料）「ハムスターの赤ちゃん」（道徳教育推進指導資料3文部

省）

　生まれたばかりのハムスターの赤ちゃんの小さくてかわいい様子、それを世話するお母さんハムスターのやさしい様子、成長を願いながらそれを見ている子どもの姿が描かれています。ハムスターの赤ちゃんがかわいいということを通して生命の大切さに気付かせることもできますが、それでは、反対にかわいくなければ生命の大切さに気付かないことにもなります。うじ虫やボウフラをかわいいと感じることは難しいと思います。大切なことは、「生きることのすばらしさ」ではないでしょうか。また、動物の生命の大切さについて考えることにとどまらず、すべての生命あるものについて考えさせることが大切です。そこで、次のような発問を考えてみました。

本時のねらい：教材（資料）「ハムスターの赤ちゃん」のハムスターの赤
　　　　　　　ちゃんの育ちを通して、生命の尊さや生きることの素晴ら
　　　　　　　しさを感じる。

（導入）
　「これまで、動物や人の赤ちゃんを見たことはありませんか。それを見て、どう思いましたか。」
（展開）
　「ハムスターの赤ちゃんのかわいいところはどんなところですか。」
　「ハムスターは、自分の力だけで大きくなっているでしょうか。」
　「ハムスターの赤ちゃんとみなさんはどこか似ているところはないでしょうか。」
　「生命があるからこそすばらしいと思ったことはないでしょうか。」
（終末）
　一人の人間の両親、祖父母……とたどっていくと、多くの人の生命がつながっているという説話を聞く。

②　教材（資料）「ヒキガエルとロバ」（小学校読み物資料とその利用文部

省「私たちの道徳」 小学3・4年）

「ヒキガエルとロバ」は、アドルフたち3人の子どもが、学校の帰りにヒキガエルを見つけ、石を当てようと投げていたところへ、荷車を引いたロバがやって来ます。ロバは足下にいる傷ついたヒキガエルに気付き、農夫からムチで叩かれながらも、荷車でヒキガエルをひき殺さないように足をふんばり、ヒキガエルのいるくぼみをよけて、通り過ぎます。その姿を見ていたアドルフたちは、ロバの行動に心を動かされ自らを反省するという話です。

導入において、ヒキガエルの写真を提示し、正直な感想を求めて本時のねらいの伏線にします。展開では、ロバの行動を通して自分たちの中にある悪に気づき、生命の尊さに目覚める子どもたちの姿を浮き彫りにします。終末では、導入で見せた写真の感想を再度問いますが、ここでは急激な変化は求めません。また、みんなで「手のひらを太陽に」の歌を聞くことで、歌詞に込められた詩人やなせたかしからの「生命」に対するメッセージを感じ取らせながら、余韻のある終わり方をしたいと考えます。

本時のねらい：教材（資料）「ヒキガエルとロバ」の子どもたちの変容を
　　　　　　　通して、生命の尊さや、生きていることの素晴らしさをよ
　　　　　　　り深く感じる。

（導入）

ヒキガエルの写真を見せて、「きもちわるい！」という自然な感情を引き出す。

（展開前段）

「アドルフたちは、なぜヒキガエルに石を投げたのでしょう。」

「ロバと荷車が近づいてきたとき、アドルフたちは、どんなことを期待したでしょう。」

「ロバのとった行動を見て、子どもたちは、どんなことに気がついたでしょう。」

「この子どもたちはこれからどうするでしょう。」

「なぜ、そうするのでしょう。」

（展開後段）

「最初に見たヒキガエルの写真を見て、今はどう思いますか。」

（終末）

「『手のひらを太陽に』（やなせたかし作詞　いずみたく作曲）を歌いましょう。」

③　教材（資料）「その思いを受け継いで」（小学校道徳　読み物資料集「私たちの道徳」　小学5・6年）

　生前はもとより死を迎える時が近づいてもなお、孫への愛情をもち続けた祖父、またその深い想いを大切に受け継いで、力強く生きていこうとする「ぼく（大地）」の言動から、これまでの自分を見つめ直し、生命の有限性・連続性について深く考えることができる資料です。授業展開では、死と向き合うことで「ぼく（大地）」が気付いたことを中心に生命の尊さを考えさせます。

本時のねらい：教材（資料）「その思いを受け継いで」のぼく（大地）の気付きを通して、生命の尊さや、生きていることの素晴らしさをより深く感じる。

（導入）

「みなさんが生命の大切さを感じるのはどんな時でしょう。」

（展開）

「じいちゃんがあと3か月の命と聞かされたとき、大地はどう思ったでしょう。」

「残された時間を大事にするとはどうすることでしょう。」

「だんだん衰えていくじいちゃんを見て、大地はどんなことを考えたでしょう。」

「じいちゃんは、のしぶくろに入れた手紙で大地にどんなことを伝えた

かったのでしょう。」

「大地は、手紙を読んで、どんなことを思ったでしょう。」

（終末）

「『その思いを受け継いで』を読んで、気付いたことや考えたことを書きましょう。」

（3）自然体験の豊かさが心の豊かさに

　独立行政法人国立青少年教育振興機構国立オリンピック記念青少年総合センターの『「青少年の自然体験活動等に関する実態調査」報告書平成17年度調査』（平成18（2006）年発行）[1]によりますと、自然体験の多い小中学生には道徳観・正義感の身に付いている者が多く、自然に触れることで学習意欲を喚起される者が多いという傾向が見られました。また、「チョウやトンボ、バッタなどの昆虫をつかまえたこと」、「太陽が昇るところや沈むところを見たこと」、「夜空いっぱいに輝く星をゆっくり見たこと」といった自然体験の度合いと、「友達が悪いことをしていたら、やめさせる」、「バスや電車で席をゆずる」といった道徳観・正義感の度合いを、それぞれ点数化してクロス集計したところ、「自然体験」が豊富な子どもほど、「道徳観・正義感」が身についている傾向が見受けられました。その因果関係まではわかりませんが、この研究は、自然体験が子どもの道徳性に大きな影響を与えることを示唆しています。

（4）崇高なものとは

　「崇高なもの」という言葉のイメージからは、人によっては近寄りがたいものを感じるかもしれませんが、「美しいもの」「気高いもの」と読み替えれば、誰でもいろいろなものを想像することができるでしょう。「美」は、主観的なものですが、身近な自然の美しさや、心地よい音や音楽、物語などに語られている美しいものや清らかなものと言えましょう。これまでも、「敬けん」を扱った教材（資料）としては、次のようなものがありますが、道徳の教材（資料）としてつくされた作品よりも名作文学の中にある自然

の美や人の心の美しさを描いた部分をもとにしたいわゆる「感動教材（資料）」が多くなります。

> （低学年）「ななつほし」「ひさのほし」「大きな夕日」
> （中学年）「花さき山」「幸せの王子」「子育てじぞう」「太郎吉と薬屋」
> （高学年）「青の洞門」「ふえの名人」「くもの糸」

　例えば、中学年の教材（資料）「花さき山」は、斎藤隆介原作の民話であり、もともと道徳の時間のために作られた教材（資料）ではありませんから、「敬けん」としてもあるいは「思いやり」としても扱うことができます。この教材（資料）では、主人公のあやが妹のそよに晴れ着をゆずった時、山に一つ花が咲いたことから、花を咲かせているものは何かを考えさせることを通して、花を人の心の美しさの象徴として感じさせることが大切です。具体的な授業展開を考えると、次のようなことが可能です。
本時のねらい：教材（資料）「花さき山」のあやの行為とそれを支える心
　　　　　　　を考えることを通して、人の心の美しさについて考えを深
　　　　　　　める。

（導入）
　「みなさんは、人の心の美しさを、どんな時に感じますか。」
（展開）
　「あやの足もとに咲いている赤い花はどうして咲いたのですか。」
　「小さな青い花はどうして咲いたのですか。」
　「どんな時に花は咲くのでしょう。」
　「あやよりすごいだろうなと思うことはありませんか？」
　「この学級の中に、どこかに美しい花は咲いていないでしょうか。」
（終末）
　「友達の美しい心の花を見つけて、教室の黒板に貼っている枯れ木に花を咲かせましょう。」

IV　道徳科における教材（資料）の活用　117

(5)自然と人間の接点を考える

　自然と人間の生きざまの接点を求めるためには、自然の中にも「自分を育てるこやし」を見つけようという意識がなければなりません。これは、ただ単に自然保護や、動植物愛護といったものにとどまりません。例えば、下村湖人の長編小説「次郎物語」の中に、松の根が岩を崩して生きている姿を見て、次郎兄弟と、叔父の徹太郎が、与えられた運命を受け容れて努力することの大切さを語り合っている場面があります。これは、彼等が、松の根の生きざまと人間の生きざまの間に接点を見つけたからこそ発見できた人生の真理といえましょう。松の根は、彼等により高い生き方を示唆するためにこんなところに生えたのではありません。彼等が、人間としての生き方を求めていたからこそ、松の根の中に人生の縮図を発見したのです。そのようなことからも、自然をただぼんやりと見るのでなく、積極的に自分の生きざまと結び付けて見るような視点をつかませていきたいものです。

　最近、環境教育に対する関心の高まりから、自然保護に関するよいノンフィクションの教材（資料）が多く見られるようになりました。自然や動植物愛護を取り扱った教材（資料）はたくさんあります[2]。動植物へのいたわりや、人と動植物のふれあい、自然のすばらしさや生命の尊さなどを考えることを通して、自然環境を見る眼を養っておくことが大切です。また、低学年では「しいの木のおか」のように童話の形をとった自然愛護の教材（資料）もあります。

　中学年になると、環境教育と直結し、環境汚染や環境破壊が生態系を壊していることを扱った教材（資料）が見られます。「いなくなったらいちょう」「つばめのす」などがそのよい例です。また、環境保全を扱った教材（資料）には「ほたるの川」「富士山を救え～田部井淳子」などがあります。公共心・公徳心からのアプローチとしては、「空きかんの投げすて」などもあります。

　高学年になると、自然環境を大切にすることを直接扱った教材（資料）がたくさんあります。高山植物は、一度踏むと元に戻るのに十年かかると

いう「一ふみ十年」、砂漠の緑化を扱った「砂漠を緑に」、害虫のユスリカを退治するのに、天敵を使うか農薬を使うかに分かれてディベートができる「ユスリカ退治」などが心に残る教材（資料）です。また、公共心・公徳心からのアプローチとしては、「危険ですガラスが入っています」などがあります。さらに、地球環境問題の教材（資料）としては「地球を救おう子ども会議」がありますが、これはブレーンストーミングの方法により、自分たちの生活を足もとから見直していこうというユニークな文部省資料で、この指導方法は他の授業にも応用できます。いずれにせよ、教材（資料）を通して知識を身につけるにとどまらず、自分の生き方を見直そうとする授業が求められます。

　自然の姿を教材（資料）にする場合は、自然保護、動植物愛護を除けば読み物教材（資料）でなく、自然そのもの（写真や絵を含む）になることもあります。そのようなことから、この指導は、道徳の授業だけでなく、理科や、遠足などの校外学習において、実物を前にしてする方が効果的です。また、自然の姿を授業の導入として使っていくことも有効です。そこでここでは、授業の導入として自然の姿を取り扱った実践例と、遠足で行った説話の実践例を挙げておきます。

（実践例1）……「朝顔の種」（1年生生命尊重）

　秋に、朝顔の種を取り入れした後、「どうしてこんな小さな種の中に、あんなに大きくてきれいな花や、葉が入っているんだろう。」と、問いかけてみました。種を解剖したことのある子どもに、「中はどうなっていたの。」と聞いてみましたが、「白っぽいものが入っていただけで、花や葉のようなものは、なかった。」と、答えました。みんな生命のしくみの不思議さに改めて感心していました。この話し合いの後、生命尊重を扱った中心資料に入りました。なお、この授業の後、こぼれ種から発芽した双葉を育てようという声が子どもから起こってきました。結局、本葉が数枚出たところで枯れてしまいましたが、子どもの生命に対する考えは深まったと言えましょう。

（実践例２）……「餌の取り合い」（１年生信頼・友情）

　導入において、飼育当番の児童が、餌やりを忘れたために、おなかのすいたウサギとニワトリが、餌を取り合う姿を描いた３枚の絵を見て話し合いました。初めは、「ニワトリはよくばりだ。」と言っていた子どもたちも、次第に、「おなかがすいて、自分が辛いときはひとのことなんか考えられない。」と、自分たちのおやつの取り合いのけんかなどを思い出しながら話し出しました。その後、教材（資料）「くりのみ」に入ると、くりのみを一人占めするキツネを即悪とするような子どもはいませんでした。人間だれしも持つ弱さに気が付いたからでしょう。キツネのしていることは決してよいことではありませんが、苦しい状況の下では、一概に責められないものであるととらえたようです。それが、苦しい中でも友達のことを考えられるウサギの偉さに感動することにつながったようです。

（実践例３）……「白鳥の水掻き」（５年生向上心）

　導入で、白鳥が、水面をゆったりと泳いでいる絵を見せて、「この白鳥は、どうして沈まずに泳ぐことができるのでしょう。」と、問いかけてみると、子どもたちは、一瞬、当たり前じゃないかと言った顔をしていました。しかし、発問の意図がわかった子どもが、「水面下で必死に水掻きを動かしているから。」ということに気が付いて答えました。そこで、水掻きを必死で動かすことは見えないところでしていることを押さえておいてから「これと似たことは、私達の身の周りにないだろうか。」と、問いかけると、子どもたちは、目に付かないところで努力している人のことを挙げていきました。その後、中心資料で、目に付かないところで努力する勝海舟の姿（剣道の稽古、蘭和辞典「ズーフ・ハルマ」の書写）を取り上げていき、勝海舟における「白鳥の水掻き」について考えを深めていきました。

（実践例４）……「箕面の楓」（５年生遠足での説話）

　遠足に出発する前に「箕面の楓の木を見て、何か面白い特徴を見つけなさい。これは、みなさんの生き方とも関係がありますよ。」と、伏線を張

っておいてから出かけました。滝道の途中の、野口英世の銅像の前で、次のような説話を行いました。

　みなさんの前で先生がおならをしたらどうしますか。（数人の子どもたちは、鼻をつまんで手のひらであおぐふりをする）たぶん、みなさんがしたように鼻をつまんだり、その場から逃げ出したりするでしょう。何故こんなことができるのでしょうか。（なぜだろうという顔）それは、みなさんが、人間だからできるのです。動物は、人間も含めて、周りの環境が悪いと、そこから移動できるのです。ところが、植物には、そんなことはできません。種が落ちた場所で芽を出し、そこで一生暮らさなければならないという運命をもっています。たとえ、そこがどんなに育ちにくい場所であっても。

　今、何人かの人が気付いたように、箕面川ぞいに生えている楓の木は、平地に生えている木に比べて、背が高く、しかも、枝を斜めに広げています。これは、日光を少しでも浴びようとして成長した結果そうなったのです。しかし、それだけでは、植物の勉強に過ぎません。この箕面の楓の生き方は、みなさんの生き方に教えてくれるところがあります。

　箕面の楓は、何も好きでこんなところに生えてきたのではありません。もっと育ちやすい平地に生えてきたかったでしょう。しかし、条件の悪いところに育っても、その中で精一杯生きているではありませんか。日当りが悪ければ、しっかりとそれを受け止めて、自分が枝を伸ばすという努力によって、日当りの悪さを乗り越えようとしているではありませんか。しかも、これは、ただ周りに自分を合わせるだけの弱い生き方ではありません。楓は、その独特の枝の張り方で、木陰を作り、その下に生えている植物を育てているのです。

　みなさんも、恵まれた環境に甘えて努力を怠れば、ちょっとした環境の変化でも、すぐ倒れてしまうひ弱な花になる危険性をもっています。今幸せに暮らしている人も、いつ崖っぷちで生きていかなければならないときが来ないとは限りません。だから、箕面の楓は、そのような生き方を私達

に教えてくれているのです。

　ちょうど、今みなさんが立っている前に野口英世の銅像がありますが、野口英世は、手の火傷という不利な条件を、努力によって克服して医学者になり、世界の人々に貢献することで、名を後世に残しました。野口英世の研究は、現在では、疑問の持たれているものもありますが、努力によって自分の運命を切り開いていったことは永久に消えません。まさに、箕面の楓の生き方そのものではありませんか。

　このような眼は、普段から何でも自分を育てるこやしを見つけようと、自分との係わりで物を見る習慣を付けることによって育ってくるのです。

　「白鳥の水掻き」の例と、「箕面の楓」の二つの例は、高学年では少し難しいかもしれません。それどころか、放っておいたら、決して小学生では自ら見つけられるものではないと考えられます。しかし、このようなことこそ、人間の素養として身につけさせたいものの見方・考え方であると考えます。教師は、積極的に、そのようなことについて考えるきっかけを与え、視点の持ち方を教えておく必要があるのではないでしょうか。子ども自らが価値を発見することは、すばらしいことではありますが、何でも、子どもが自ら発見することは期待できません。また、このようなことの深い意味は、一度聞いたからといって分かるようなものでもありません。その場では分からなくても、将来人生の問題に直面したときに、初めて分かってくるものでしょう。人生の種まきとは、このようなことを言うのではないでしょうか。教師は、子どもの将来を見通した教育をしなければならないと思います。

(5)まとめ

　教材（資料）と自分の生きざまの接点を作っていく研究は、道徳指導の中心的課題です。それにもかかわらず、生命や自然などは、目に見えにくいことや、子どもたちの生活から遠いという理由で、教師によっては取り上げられることが少ない傾向がありました。また、自然の姿と人間の生き

ざまの接点作りは、直接関係がないだけに、主体的にその関係を見つけていこうとする意志が必要でありましょう。しかし、教師が、そのような考え方を身につけ、それを子どもに伝えていくことが、「自分を育てるこやし」を自分で見い出し、自分のものにしていく子どもを育てることにつながります[3]。

（参考・引用文献）
1．独立行政法人国立青少年教育振興機構国立オリンピック記念青少年総合センター（2006）『「青少年の自然体験活動等に関する実態調査」報告書平成17年度調査』独立行政法人　国立青少年教育振興機構
2．藤田善正著（2000）「心の教育」時代の道徳教育　69-70　明治図書
3．藤田善正著（1997）感動と感化で創る道徳教育　67-72　明治図書

4 いじめ、情報モラルを扱う授業で配慮すべきこと

（1）いじめの防止

　いじめの防止の問題は、道徳の教科化の契機となりましたが、これには、全教育活動を通して行う部分と、道徳の授業を通して行う部分とがあります。服部敬一[1]は、『「特別の教科　道徳」の時間にすべきこと、しなくてよいこと』の中で、いじめの防止を例にして、これらの関係について述べていますが、全教育活動における道徳教育と道徳科の授業のそれぞれで行うことを棲み分けする必要があると述べています。この考え方は、いじめ以外のいろいろな教育課題を考える上でも参考になります。

全教育活動における道徳教育	「特別の教科　道徳」の時間（道徳科）
・何がよいか悪いか。 ・何をすべきかすべきでないか。	（資料をもとにして） ・なぜよいか悪いか。 ・道徳とは何か。 ・人間はよりよく生きたいということについて学習する

　　　全教育活動における道徳教育
　日頃から、学校・学級経営全体を通して何がよいか悪いか、何をすべきかすべきでないかを教えたり、示唆したりすることで、規範意識を高めることがいじめを防止する土壌となります。まず、学級の雰囲気づくりとし

て心がけたいことは、お互いのよさに目を向け、認め合えることです。例えば、「帰りの会」が、その日にあった友達の悪いことの発表会になると、学級が冷えてきます。

　平成25（2013）年施行のいじめ防止対策推進法に基づき、どこの学校でも「いじめ防止基本方針」を作って、組織としていじめに対応し、いじめアンケート実施を定期的に実施していじめの早期発見と対応に努め、いじめの防止を目的とした教育活動を行っています。しかし、たといじめが確認されても、その後適切に対応しないと、結果的に大きな事案に発展してしまいます。現実に、いじめ防止対策推進法施行以後も、子どもを自殺に追い込むようないじめ事案は繰り返し起きています。

　むしろ、いじめはどの学校・どの学級にも生起しうると考えて、子どもや保護者からも情報を収集し、学級担任一人が抱え込まないで、管理職にも報告して、学校全体あるいは、教育委員会も交え、必要に応じては外部機関とも連携して指導に取り組むことが必要です。何よりもいじめられている子どもを守ることが最優先です。いじめの兆候は、最初はたいてい「いじわる」から始まります。この初期段階で見逃さずに指導を入れることが「いじめ」への発展を予防することにつながります。また、情報を共有化してどの教師も同じ認識で指導をすることが大切です。

　また、残念なことではありますが、教師が子どもを“いじる”ことが、いじめの土壌を作っていることがあります。親しさの現れと思って冗談半分で言った言葉やしぐさを見聞きした子どもは、そういう言動が許されるものだと感じてしまいます。

　道徳科（道徳授業）におけるいじめの取り扱い

　さて、「いじめは悪い」ということだけなら、言葉の上では小学１年生に入学した時点で既にみんな知っていると言ってもよいでしょう。そのようなことを繰り返し言っても新たな学びはありません。道徳科（道徳授業）では、資料に描かれた具体的ないじめの事例を通して、それがなぜいけないのか、いじめられた人物がどんなにつらいのか、あるいは、いじめ

を見て見ぬふりをすることなく、止めるような行為が人間としてどれだけ素晴らしいことであるかについて考えさせることが大切です。

　道徳科（道徳授業）でいじめを取り扱う場合、あまりにも悲惨ないじめの実態を描いた教材（資料）や、クラスの誰かとそっくりの人物や状況が描かれている教材（資料）を使うことには問題が多いと考えられます。それは、それだけで話しにくい雰囲気をつくってしまいます。このような教材（資料）を使って授業を行い、その中で、

　「こんなとき、あなただったらどうしますか。」

と尋ねても、子どもたちは答えにくいことが多いでしょう。事実解決がつかないような問題が多いし、クラスの誰かと重ね合わせながら話し合うことは、口を重くさせます。とりわけ、いじめを受けている子どもにとって、その授業を受けることそのものが、つらいものになります。このような授業を通して、子どもの意識が変容し、いじめが解消することにつながるとは考えにくいです。自分ならどのように行動・実践するかを考えさせることは大切で、道徳教育として取り組むべきことですが、今、現実にいじめが起きている学級において道徳授業で取り上げるのは問題が大きすぎます。また、いじめが起きた学級において、道徳授業でいじめの反省作文を書かせるのは安易であることを通り越して、もってのほかの指導であると思います。

　何よりもみんなが共通の話題として話し合えるような教材（資料）が望ましいと考えます。これは決してきれいごとでよいという意味ではありません。また、「いじめ」という現象を「友情や親切を阻むもの」「正義や公正に反する行動」という捉え方をして人間関係をより深く考えさせることが大切です。また、いじめを防ぐもとになるような正義や勇気についても考えさせたいものです。道徳授業は、いじめの治療ではなく、いじめの予防として行うべきです。道徳授業だけで、現在起きているいじめ問題を解決できるとは考えにくいです[2]。

　例えば、日頃仲よくできている学級で、授業の終末段階において

　「どうしたらいじめをなくすことができるでしょうか。」

という発問に対して、

　「学級みんなで協力する。」

　「勇気を出して、いじめを止める。」

　「友達を大切にする。」

といった意見を子どもから引き出すことは、低学年ほど決して難しいことではありませんが、このような意見が出たからと言っても、もしも、いじめが生起した時に、前述したようなことを発言した子どもが授業の発言通りに行動できるかどうかと言えば、また別問題です。人間の行動は、その時に自分が置かれた状況場面によって左右されるからです。教師は、高い価値を理解している子どもでも、脅かされたり、集団の中で弱い立場に追い込まれたりしたら、低い価値に引きずられて行動をすることもあるという深い人間理解が必要です。ましてや、学級が荒れていたり、ボス支配されていたりする学級の中でいじめが生起すれば、どうすることがよいことかを知っていてもそれができないからこそ、良心的な子どもは悩み、教師は指導に苦労しているのです。道徳授業で

　「こんなとき、どうすればよいでしょう。」

　「こんなとき、あなたならどうしますか。」

といった発問による問題解決的学習を行えば、いじめをはじめとする学級の悩ましい問題がすべて解決できるとはとても考えにくいです。このような問題は、むしろ道徳科（道徳授業）よりも学校教育全体で行う道徳教育の課題です。教師は、卑怯な行いを許さないという理念のもと、いじめられている子どもを守り、いじめている子どもととことん関わりあって、その子どものよいところに目を向けながらも、いじめの非を悟らせなければならないと思います。これは、きれいごとではなく、まさに泥にまみれた教育活動になります。

　そのような考えで、いじめを描いた教材（資料）を、視点ごとに分類し、どの視点を切り口にして授業をすると効果的かを考えると、次のようになります。

視　　点	教材（資料）名（学年）
１．いじめをしていた人物の転機が描かれたもの	「はしのうえのおおかみ」（低） 「へんでも、わらいっこなし（ぼくわらわないよ）」（低） 「ヒキガエルとロバ」（中） 「みんなの人権」（高）
２．いじめを止めたり、やめさせようとしたりした人物の行動が描かれたもの	「やめろよ」（低） 「友達の赤シャツ（宮澤賢治）」（低・中） 「名前のない手紙」（高）
３．いじめられた人物のつらさを考えさせるもの	「へんでも、わらいっこなし（ぼくわらわないよ）」（低） 「わたしのいもうと」（高）
４．生命の大切さに気付かせるもの	「ふしぎのふしぎ」（中） 「ヒキガエルとロバ」（中）
５．いじめている人物へのメッセージ	「いじめている君へ」（高）

　このうち、「はしのうえのおおかみ」「友達の赤シャツ（宮澤賢治）」「ヒキガエルとロバ」の展開例については、前述しています。

　さて、「私たちの道徳」５・６年の134ページに、「このようなとき、あなたならどうしますか。」という問いかけに続いて、いじめにつながる問題場面が描かれていて、これをもとにして子どもが考え、議論するような授業展開を想定しています。

　そうじの時間です。ごみ箱にたまったごみを、最後に収集場所に捨てに行くことになりました。
　当番だったAさんがごみ箱を持って行こうとすると、Bさんが、
　「Aは行かなくていいよ。」
と言いました。
そして、Cさんに向かって、
　「C、お前が行けよ。」
と言って、Cさんにごみ箱をおし付けました。

　この問題場面文の下に、あなたがAさんだったら　あなたがCさんだったらと書き込む欄があります。この教材（資料）を使って、書いたことをもとにして発表したり、Aさん、Bさん、Cさんになって役割演技したりするような展開も考えられます。Bさんの行動の問題点は、すぐにわかり

ますから、AさんやCさんがどのような行動をとれば、Bさんを説得できるかという行動を考えるような授業になります。しかし、Bさんがどのような人物かによって書いたことや役割演技どおりにいくとは限りません。Bさんがものわかりのよい人物ならば言葉や行動で説得できるでしょうが、学級で強大な権力を握っているボスならば、意に逆らう行動をすると逆上してしまいます。これは、公平・公正や正義・勇気という価値観について考えを高め・深める道徳科（道徳授業）で扱う内容よりも、このような状況においてどのような行動がより効果的かを考える特別活動で扱う教材ではないでしょうか。

(2)情報教育と情報モラルの教育

　パソコン、書画カメラ、プロジェクター、電子黒板、大型テレビなどのICT機器が次々と学校に導入されてきました。また、家庭でもパソコンや携帯電話（スマートフォン等）が活用されています。校則等で携帯電話を学校にもってくることを禁じていても、家庭ではよく使われているという実態があります。子どもたちが生きていくこれからの時代においては、ICTの活用能力とそれを支える情報モラルが一層求められるようになります。とりわけ、インターネットは夢のある分野であると同時に、影の部分の事件がしばしば報道され、社会問題にもなっています。有害情報から子どもを守る工夫も必要ですが、より本質的なことは、子どもが情報を自ら取捨選択する判断力を育てていくことです。インターネットでいろいろなことを調べると、一つのことについてまるで反対のことが書かれていることもあります。そのような場合、いろいろな考えの人がいるという見方をするということも大切です。また、インターネットの掲示板やツィッターは、しばしば誹謗中傷の落書きや異論の書き込みによって「炎上」します。自分が情報発信をするとき、どんなことに気をつけないといけないか考えることも、これまで以上に大切になってきます。情報モラルをきちんと身につけた子どもに育てていくこともまた、情報教育の大きな課題です。また、携帯電話（スマートフォン等）をはじめとする情報ネットが、しばし

ばいじめの道具となっているという実態をふまえた指導が求められています。進化するネットいじめとして、今、中学生で怖いのはLINEの"外し"であるとも言われています。この問題は、学習指導要領の改訂よりもスピードが速いので、情報機器の進化に伴って、新たな対応が求められることになるでしょう。

　そこで、情報教育と情報モラルの教育は、重なりはあっても区別して考える必要がありますし、情報モラルの教育も、全教育活動における道徳教育と道徳科（道徳授業）のそれぞれで行うことを棲み分けする必要があります。例えば、学校にICT関連会社の人が、ゲストティーチャーとして行う情報モラルの授業では、内容的にはネット活用におけるトラブルやネット社会の怖さを教え、それから身を守るというタイプの授業が多くみられます。これは、言い換えれば、情報社会に的確な判断ができない子どもを守り、危ない目にあわせない危険回避（情報安全）の教育です。このような危険回避の教育においては、子どもがネットについての知識・記憶をもとにして、このようなことをしたらどうなるかと想像力を働かせることが求められます。こういうタイプの情報モラルの教育も必要ではありますが、道徳科（道徳授業）で、情報モラルを指導するときには、また、違う角度からのアプローチが必要になってきます。

　小学校における情報モラルの教育の関係を表に表わすと次のようになります。

情報モラルの教育	
全教育活動における教育	道徳科（道徳授業）で行う教育
①情報には誤ったものや危険なものがあり、それから身を守ることを考えさせる学習活動（情報安全教育） ②健康を害するような行動について考えさせる学習活動（パソコンの長時間使用による健康の問題等）	①情報発信による人や社会への影響（自分や人の情報を大切にすること、相手への影響を考えて行動することなど）について考えさせる学習活動 ②ネットワーク上のルール（情報には、著作権・肖像権・個人情報等の権利があること）やマナーを考えさせる学習活動。 ③送受信する際の判断力を高める学習活動

道徳科（道徳授業）における情報モラルの取り扱い

　最近はそのような社会的な背景を反映して、道徳の教材（資料）として情報モラルを扱ったものが、出てきました。そのいくつかは「私たちの道徳」にも掲載されています。これらの教材（資料）を読み解くことを通して、道徳科（道徳授業）における情報モラルの取り扱いについて考えていきます。

　①教材（資料）「少しだけなら」（「私たちの道徳」3・4年　文部科学省）

　家でインターネットを使っていたあつしは、ゲームソフトの割引券がもらえるサイトを見つけますが、「少しだけなら大丈夫だろう」とサイトに、自分の名前を入れ始めます。そのとき、事前にセットしていたタイマーが鳴り、約束を破ってしまったことを反省するというものです。この教材（資料）は、A　節度・節制(1-(1))について、考えを深めるものです。ここでは、怪しいサイトへアクセスする誘惑に駆られるあつしの弱さや、その後のうしろめたさを考えさせることが指導のポイントになります。

本時のねらい：教材（資料）「少しだけなら」のあつしの行動を通して、
　　　　　　　　よく考えて行動することの大切さについて考えを深める。

（導入）
　「インターネットを使うとき、こわいなあと思うことはありませんか。」
（展開）
　「お母さんと約束していたのに、あつしはどうして怪しいサイトをクリックしたのでしょう。」
　「一度は、やめようとしたのに、また名前を入れ始めたのはどうしてでしょう。」
　「もしも、タイマーが鳴らなかったら、どうなっていたと思いますか。」
　「お母さんに尋ねられて、どうしてあつしは下を向いていたのでしょう。」
　「あつしのしたことから、みなさんは、どんなことを学びましたか。」
（終末）

「『少しだけなら』を読んで、気付いたことや考えたことを書きましょう。」
②教材（資料）「知らない間の出来事」（「私たちの道徳」5・6年　文部科学省）

　転入生のあゆみは、親しくなろうとしてきたみかにメールアドレスを教えてほしいと言われましたが、携帯電話を持っていません。そこで、電話番号を書いたメモを渡しました。ところが、みかがクラスの友人にメールに書いて送ったところ、「あゆみは、仲間外れにされて転校してきたらしい。」という内容に変わっていました。この教材（資料）では、あゆみとみかの二人をめぐる人間関係のトラブルが描かれています。内容項目は、B　信頼友情　2-(3)で、みかがあゆみと親しくなろうと思いながら、勝手な推測でメール発信したことにより、人間関係のトラブルを起こしているところに着眼させ、みかに足りなかったものを考えさせることがねらいに迫れると考えます。

本時のねらい：教材（資料）「知らない間の出来事」を通して、友達とよ
　　　　　　　いかかわりをもつために大切なことは何かを考える。

主要な発問例
（導入）
（A案）「伝言ゲームは、どんなところが面白いですか。」
　　　　「その面白さには、どこかこわいところはないでしょうか。」
（B案）「よい友達になるためには、何が大切ですか。」
（展開）
　「みかが、自分からあゆみに声をかけたのは、どんな気持ちがあったからですか。」
　「みかは、どうしてあゆみがくれた電話番号が書かれたメモ用紙を、粗末に扱ったのですか。」
　「あゆみは、どんな気持ちでメモ用紙を渡したのでしょう。」
　「みかは、あゆみを仲間はずれにしようと考えてメールを友達に送った

のですか。」

「みかは、小さく丸められたメモ用紙を改めて見て、どんなことに気が付いたでしょう。」

「みかの考えや行動には、何が足りなかったのでこんなことになってしまったのでしょう。」

（終末）

「『知らない間の出来事』を読んで、気付いたことや考えたことを書きましょう。」

このように、道徳科（道徳授業）では、情報モラルそのものを教えるというよりも、「少しだけなら」では、情報を受信する際によく考えて行動することを学び、「知らない間の出来事」では、人の情報を大切にすることや相手への影響を考えて行動することを学ぶのです。

今後とも、情報機器は進化し続けることでしょう。学習指導要領がそれに対応するのが遅れることも予想されます。そのようなときにおいても、情報を送受信するときの人の心の在り方は不変です。

「夜に書いた手紙は、朝起きてもう一度読んでから投函した方がよい。」という古くからの言い伝えは、今も通用する言葉です。道徳授業においては、そのような不易の価値について学習することが求められます。

（参考・引用文献）

１．服部敬一（2015）『「特別の教科　道徳」の時間にすべきこと、しなくてよいこと』
　　道徳教育方法研究第20号　77-79　日本道徳教育方法学会

２．藤田善正（2000）「心の教育」時代の道徳教育　明治図書　96〜105

Ⅴ 超有名教材 (資料) の落とし穴からの脱却

1 特定の指導方法に固執すると

　道徳授業では、教材（資料）をもとにして子どもの道徳的なものの考え方や感じ方を高めることが大切です。永田繁雄を中心とする東京学芸大学では、全国の教師対象に、指導上効果のある教材（資料）についての調査結果を平成24年に学年別にまとめています。それを見ると、小学校低・中・高学年のベスト5は、次の表のようになっています[1]。

順位	低学年	中学年	高学年
1位	はしのうえのおおかみ 109	お母さんのせいきゅう書 29	手品師 62
2位	かぼちゃのつる 57	ないた赤おに 23	ロレンゾの友達 14
3位	二わのことり 41	絵はがきと切手 22	メジャーリーガー・イチロー 13
4位	くりのみ 25	花さき山 18	くずれ落ちた段ボール箱 11
5位	ぐみの木と小とり 19	まどガラスと魚 15	すれちがい 10

（数字は、人数）

　これらの教材（資料）は、日本中の多くの小学校教師から高く評価された教材（資料）ということができましょう。これらの教材（資料）の多くは20年以上の歴史をくぐって多くの教師に使われてきました。また、視点ごとに分けてみると、B(2)の対人に関する教材（資料）が非常に多いことに気付きます。また、フィクションとノンフィクションに分けると、「メジャーリーガー・イチロー」以外は、フィクションです。ところが、これらの超有名教材（資料）を使って授業をすれば、必ずねらいに迫ることのできるようなよい授業ができるかといえば、必ずしもそうではありません。教師がある特定の指導方法や指導過程に固執して授業を行ったり、場面ごとに主人公の気持ちを追うだけの授業を行ったりすると、そのために思いがけない落とし穴に陥ったり、わかりきったことを確認するだけの新たな発見のない授業になったりすることがあります。そこで、小学校低・中・

Ⅴ　超有名教材（資料）の落とし穴からの脱却　　*133*

高学年のベスト５に挙げられた教材（資料）を使って授業を行ったときに陥りがちな落とし穴や、その克服方法について述べていきます。なお、教材（資料）分析と発問研究は車の両輪のようなものであり、教材（資料）分析をもとにして精選された発問を構成していくことが大切です。

（1）第１学年及び第２学年（低学年）

①　紙芝居と読み物では有効な展開が違う「はしのうえのおおかみ」

「はしのうえのおおかみ」あらすじ

　自分より弱い動物（うさぎたち）に対して橋の上で通せんぼのいじわるをし、自分よりも強い動物（くま）に対してはこびへつらっていたおおかみが、くまの親切に心を打たれて、親切の喜びに目覚め、改心します。

　「はしのうえのおおかみ」は、「わたしたちの道徳」はじめ、多くの副読本に掲載されている超有名教材です。くまとの出会いによるおおかみの悪から善への変容を通して親切について考えさせることができることが高い評価を受けた大きな要因であると考えられます。さて、この教材を読み物として扱う場合と、絵話や紙芝居で扱う場合では同じ授業展開ではうまくいきません。子どもがストーリーを知らないで絵話や紙芝居を扱う場合は、おおかみの転機となる橋の上での二匹の行動を役割演技させることが有効です。そのことを通して、おおかみの心の変容について発問していくことが効果的であり、これまでにもよく実践されてきました。ところが、児童が教材のストーリーを知らない場合には、役割演技が成り立ちますが、教材のストーリーを知っている場合にはくまがおおかみを抱いて渡す動作化にしかなりません。教師が、役割演技と動作化の違いを知って、どちらがより有効かを判断することが求められます。そうしないと、たとえ活動は盛んであっても、児童が親切にされる嬉しさや、親切をする喜びに気付かない「活動はあっても、学習のない授業」になることさえあるでしょう。

　また、「私たちの道徳」に掲載されたような読み物教材ならば、前後２回出てくる「えへん、へん。」という言葉の違いに着眼して、通せんぼをしていばっていたおおかみが、親切の喜びに目覚めていく言葉としてその違い

に気付かせるような発問を構成していくことが有効であると考えられます。

② かぼちゃに窓口一本化すると

「かぼちゃのつる」あらすじ

みつばちや、ちょうちょうや子犬などの注意を聞かずにつるを伸ばすというわがままな振る舞いを続けていたかぼちゃが、あっという間に車につるを切られてしまいます。

道徳の授業では、「窓口一本化」と言って、主人公一人に絞ってその気持ちの変化を追うような展開がよく見られます。この指導方法は、主人公が成長したり変容したりする教材ではかなり有効ですが、失敗談では有効とは言えません。「かぼちゃのつる」は、かぼちゃが周囲の忠告を聞かないために起こる失敗談（失敗した後泣いて反省はしているが）です。ストーリーを追いかけながら場面ごとに主人公のかぼちゃの気持ちの変化を問うだけでは、国語的な読み取りの授業になって、節度ある生活という道徳的価値の追求はできません。

失敗談では、失敗の理由を考えさせたり、忠告する側といった他者の視点から発問したりすることが、価値に迫るためには大切です。視点を変えて考えるような授業展開は、特に失敗談や主人公が行った道徳的行為や判断とその結果に因果関係のないような結末に問題のある教材において求められます。

③ 「二わのことり」におけるみそさざいの転機

「二わのことり」あらすじ

山のことりたちのもとへ、やまがらから誕生会への招待状が届きます。ところが、同じ日にうぐいすの家で音楽会の練習があります。ことりたちは皆、明るくてごちそうもあるうぐいすの家へ行ってしまいます。みそさざいは、迷いながらも皆と同じようにうぐいすの家へ行きます。しかし、やまがらの事が気になって仕方がありません。迷った末に、みそさざいはこっそり抜け出し、やまがらの家へと向かいます。やまがらは、涙を流して喜び、二わのことりは、やまがらの家で楽しい誕生会を開きます。

「二わのことり」は、みそさざいが自らの良心に目覚めて変容していく

教材です。また、教師が押さえるべきことをしっかりと押さえることが求められる教材です。先ず、ふだん聞き慣れない登場人物の鳥の名前を押さえておかないと、ストーリーそのものがわからなくなります。次に、やまがらの家で誕生会が行われるのと同じ時間にうぐいすの家では音楽の練習が行われることが、主人公のみそさざいの葛藤の原因となっています。これは、ある意味では、やまがらに対するいじめや嫌がらせととらえることさえできます。それらのことを押さえておかなければ、児童にみそさざいの迷いや転機をつかませることが難しくなってきます。また、この教材（資料）を深く読めば、うぐいすの家にはごちそうはあっても相手を想う「愛」はなく、やまがらの家はその逆であることを低学年の児童であっても、その学年なりの言葉で理解させることもできましょう。

　さて、この教材（資料）は、これまでは内容項目としては、友情，信頼の教材として使われていることが多くありましたが、新しい学習指導要領の内容項目では、公正，公平，社会正義の教材として採り上げることもできます。また、この教材は、みそさざいがやまがらの家を訪ねることでハッピーエンドの話として採り上げられることが多かったですが、うぐいすや他の小鳥たちは全く変容していないことを問題として押さえ、問題解決的学習を通して、１年に１日しかないやまがらの誕生日に音楽会の練習はやめて少し前か後にずらしたらよいのではないかという声が上がるような児童が育つ学級経営をしたいものです。

④　「くりのみ」に添えられた心

「くりのみ」あらすじ

　長い冬を前にして、見つけたくりを腹いっぱい食べて残りを隠し、うそをついたきつねが、たった二つだけ拾ったくりのみの一つを差し出したうさぎの親切な心に打たれて、涙を流し自分の行動を反省します。

　「くりのみ」の授業には教師の人間観がよく現れます。児童はきつねを「悪」ととらえる傾向が見られます。しかし、見つけたくりを腹いっぱい食べて残りを木の根っこに隠すという行動は、我々が防災のためにペット

ボトルの水や缶詰や水ようかんを蓄えている行動と同じではないでしょうか。児童がきつねはくりを一人占めしてずるいと感じるのはともかく、教師が子どもと同じ深さの読みをしていてはいけません。また、きつねの転機を見つけ、きつねの涙の意味を考えさせたりするところでとどまっている授業展開が多く見られましたが、うさぎがきつねに与えた一つのくりのみには、うさぎの心が添えられていることを押さえておくことこそが大切です。ものに添えられた心を問うことも、道徳の授業を深化する上では大切な視点です。その発問がないと、うさぎがくりをあげるかあげないかという選択とその理由を問うだけにとどまってしまいます。

　なお、この教材も、子どもが教材のストーリーを知らない場合は、うさぎときつねの2回目の出会いの前で分けて、役割演技させることが多様な行動やそのもとになる考えを引き出す点で有効ですが、教科書に掲載された場合には、家庭で読んでいる児童もいるので、役割演技を有効活用することは難しいです。

⑤　小とりを英雄視しすぎると

「ぐみの木と小とり」あらすじ

　おなかをすかせた小とりが、ぐみの木に実をごちそうしてもらいます。ぐみの木が、りすのことを心配していることを知った小とりは、ぐみの実をもってりすの様子を見に行きます。ところが、行ってみるとりすは病気で、小とりが来てくれたことに涙を流して喜びます。小とりは次の日もぐみの実を運んで行き、嵐の日もぐみの実をくわえてりすのところに飛び立って行きます。

　小とり（動ける人）とりす（病気の人）の間にもともとつながりや関係はありません。おなかをすかせた小とりがぐみの実を食べさせてもらったことがきっかけで、小とりはそのお礼にぐみの木（動けない人）の願いをきいて実をもってりすをお見舞いに行きます。そこには、病気のために自分でえさを取ることのできないりすがおり、涙を流して喜ぶりすの姿を見て、次第に小とりの心が変化してきます。

　ところで、この教材は、小とりが自分の身の危険を顧みずにりすのところに行く行為を「最善のよいこと」として子どもに勧めてよいのかという

V　超有名教材（資料）の落とし穴からの脱却　　137

問題も内包しています。ここでは、病気のために自分でえさをとることが
できないりすを思って親切な行動をする小とりの心の美しさに気付かせる
ことができればよいのではないでしょうか。話し合いでは、嵐がやんでか
ら行ってもよいという考えなどを認めることが、健康・安全という観点か
らは大切であり、多様な考えを認め合える道徳の授業につながります。小
とりのとった行動を英雄視しすぎると、道徳の授業は、特定の考えを押し
付けるという批判を受けやすい教材ということもできます[2)]。

(2) 第3学年及び第4学年 (中学年)

① 　ただ働きをさせようとするお母さん

「お母さんのせいきゅう書」あらすじ

　ある日の朝食時に、ブラッドレーはお手伝いの代金をお母さんに請求しま
した。その日の夕食時のお皿の側には一枚の紙切れと請求額のお金が置いて
ありました。計画がうまくいったと思いながら紙切れを開くと、それはお母
さんからの請求書で、そこにはこれまで育てる中で世話した全ての請求が0
円と書かれていました。

　この教材では、お母さんの無償の愛に気付かせることがねらいとなりま
すが、請求書に添えられたお母さんの心を問うことが大切です。その上で、
ブラッドレーの変容について問うことが家族愛についての価値理解を深め
ることにつながると考えられます。

　なお、筆者が経験の浅い頃、「お母さんのせいきゅう書」を使って授業
をしていたときに、

　「お母さんは、なぜ0円という請求書を書いたのでしょう。」
と発問したところ、いろいろな意見に混じって、ある児童から、

　「これから、ずっと、ブラッドレーにただ働きをさせようと思って。」
という答えが返ってきて、焦ったことがありました。親の無償の愛に気付
かせようとしたところが、全く逆の価値を考えていたのです。しかし、授
業後振り返ってみると、その児童は日頃から戦国武将の策略のような本を
よく読んでいるような児童でした。児童は、自分の生活背景、体験に基づ
いた資料の読み方・受け止め方をします。生活背景が違い、体験していな

ければ、理解できない世界があることに気付かされました。特に、家族を扱う場合は、一つの学級にもいろいろな形態や人間関係の家族があることを想定する必要があります。このような場合は、

「なるほど、そういう考えもありますね。」

という冷静な受け止めが基本になります。教師が、望まない意見にあわてたり焦ったりしないことが大切です。児童の発言や書いたものは、多かれ少なかれその児童のこれまでの人生を反映しています。教師は先ずは、それを受け止め、その背景を考えることが求められます。

② 個人・学年によって受け止めがかなり違う「ないた赤おに」

「ないた赤おに」あらすじ

人間と仲良くなりたい赤鬼は「ドナタデモオイデクダサイ。」と立て札を立てましたが、人間は怖がって誰一人も来ませんでした。その赤鬼の姿を見た青鬼は、赤鬼のために村で大暴れするところを赤鬼がやってきてやっつけるという芝居を打ちました。その結果、赤鬼は人間と仲良くなれましたが、しばらくして青鬼を訪ねた赤鬼は、青鬼の置き手紙を読んで涙を流しました。

「ないた赤おに」は、文部省資料として登場した時当時は、２年生ぐらいの信頼・友情の教材として使われていましたが、次第に中学年で使われることが多くなってきました。また、あえて高学年で使う教師もいます。また、学校図書が発行している道徳副読本では、児童が自らの心の成長を捉えられるように、この教材を指標教材として２・４・６学年に配しています。青鬼の報われない愛を素直に美しい友情として受け止める児童もいますが、学年が進むにつれて、そのような一方的に自己犠牲を伴った友情のあり方に疑問を抱く児童も増えてくる傾向も見られます。原作者の浜田廣介も、道徳の教材で使われることを想定してこの作品を書いたわけではありません。この友情のあり方をどうとらえるかは、個人差・学年差があることをあらかじめ予想して授業を構築し、一人ひとりの考えの違いを受容していくことが大切です。

３・４年生でこの教材を扱うときは、学年が進むにつれて、結果よりもそれを生み出した動機や原因に目を向け、深い価値理解を示すようになる

ことから、赤鬼の行動や涙の理由を問うだけでなく、青鬼の立場から、手紙に添えられた心を問うことも大切です。その発問がなければ、赤鬼が泣いた理由だけにとどまってしまい、青鬼の想いにふれることがない展開になってしまいます。

③ 損得の論議になりやすい「絵はがきと切手」

「絵はがきと切手」あらすじ

「絵はがきと切手」は、仲良しの友達から届いた定形外郵便物の料金不足について、本人にそのことを知らせるべきかどうかひろ子は迷います。知らせるべきという兄の意見と、知らせない方がいいのではないかという母の考えの間で思い悩んだ末、ひろ子は知らせることを選択します。

この教材の扱いで大切なことは、友達から悪く思われたくない、友達関係を壊したくないという考え方には足りないところがあるのではないかということに気づかせることです。ひろ子が料金不足を知らせるという選択をした理由を一つずつ問い直すことによって、それは可能となります。

ところが、教師がその視点をもたずに授業に臨むと、自分なら友だちに料金不足を知らせるか知らせないかを選択させ、その理由を話し合うことを通して、最終どちらかを選択させるような授業が見られます。また、そのような授業展開では、郵便料金が損だ得だといった論議に陥ったり、料金不足であることをどのようにして知らせるかという方法論に陥ったりすることもあります。教師がこの教材を通して児童に何を考えさせるかということをしっかりともって授業に臨むことが求められます。

④ 美しい心の花にもいろいろなレベルがあるが

「花さき山」あらすじ

あやは、迷い込んだ山奥でやまんばに会い、花さき山の花は村人が優しいことをするたびに一つずつ咲くことを教えられます。だから、花さき山に咲く花は、つらいのを辛抱して、自分よりも人のことを思うと、その優しさとけなげさが花になって咲き出すのです。

斉藤隆介原作の「花さき山」のうち、道徳の教材となっているのは、そ

の一部分です。八郎潟誕生の逸話まで入れると、子どもの生きざまとはかけ離れた自己犠牲の話となります。この教材においては、自己犠牲こそが尊いのだと感じさせるような取り扱いをしないことが求められます。この教材では、敬けんという日常生活のレベルからは遠い価値を扱っています。また、つらいことを辛抱することや自分のことより人のことを思うことを「花」に象徴していますが、児童の日常生活のレベルに戻すと、いろいろなレベルの親切ややさしい行為が出てくると考えられます。それらを美しい心から発した行動と認めていくことが、自己肯定感（自尊感情）を育むことにつながります。そこで、花に象徴された人の心の美しさに気付かせ、自分の周りにある「花」を探すような授業展開が効果的です。

⑤　転機を考えさせるだけでは読み取りの授業になる「まどガラスと魚」

「まどガラスと魚」あらすじ

千一郎は、よそのまどガラスを誤って割りましたが、逃げ出してしまって、後で苦悩します。ところが、飼い猫のとった魚のことで謝って歩いている近所のお姉さんの姿を見て、母に打ち明けて、正直に謝りに行きます。

「まどガラスと魚」は、主人公の千一郎の人間的な弱さや転機がはっきりと描かれている教材です。しかし、千一郎の気持ちや行為の理由をストーリーの順番に問うような場面発問の展開や、近所のお姉さんが謝りに来たことが転機となって千一郎が謝ろうとしたということに気付かせるところまででとどまっていては、国語的な読み取りの授業になってしまうこともあります。新たな発見をさせるためには、千一郎の行為と猫の行為の共通点に気付かせることや、あじの干物に見つめられたような気持ちになった千一郎の心を問うことや、お姉さんが謝りに来た夕方からお母さんに正直に言う翌日の朝までの約半日の間、千一郎はどんな想いで過ごしたかを想像させることによって可能になるのではないでしょうか。

(3)第５学年及び第６学年（高学年）
①　教科書に載ると展開を変える必要がある「手品師」

「手品師」あらすじ

　あるところに、腕はいいのですがあまり売れない手品師がいました。その日のパンを買うのもやっとでしたが、大劇場のステージに立てる日を夢見て、腕を磨いていました。ある日、手品師はしょんぼりと道にしゃがみこんでいる小さな男の子に出会いました。男の子はお父さんが死んだ後、お母さんが働きに出て、ずっと帰ってこないというのです。手品師が手品を見せると、男の子はすっかり元気になり、手品師は明日もまた手品を見せてあげることを約束しました。

　ところが、その日の夜、友人から電話があり、大劇場に出演のチャンスがあるから今晩すぐに出発して欲しいというのです。手品師は、迷いましたが、明日は大切な約束があるからと友人の誘いをきっぱりと断りました。

　翌日、手品師はたった一人のお客様である男の子の前で、次々と素晴らしい手品を演じてみせました。

　「手品師」ほど、賛否両論のある教材はないでしょう[3)4)]。しかし、例えば、手品師が、その日のパンを買うのもやっとなのに、家に電話があるのはおかしいなどと言い出したら、この教材は成り立ちません。しかし、高学年の教材として教師の評価が高いのは、誠実を貫き、惻隠の情を体現した手品師の生きざまに共感するところがあるからでしょう。これまで、教師だけが教材を知って授業をする場合は、

　「手品師は、男の子と大劇場のどちらを選ぶでしょう。」

という発問をもとにして、それぞれの理由を挙げていくような授業展開が主流でしたが、教科書が与えられ、児童が事前に家庭で読んできていたら、手品師は男の子を選択することがわかっているので、それ以後の展開を変えていかなければ、子どもは考える意欲が起きにくくなります。

　「手品師」は、主人公の手品師が悪から善に変わったり、より高い価値をつかんだりした教材ではないが故に、違った角度からの発問が求められます。それは、決断によってある行動を選択した場合の失ったものと失わなかったもの対比であり、その教材分析や指導案は、それぞれ64〜65ページと175〜179ページに掲載しています。このような展開によって、手品師が男の子との約束を守ることによって、失ったものは大きいけれども、自らの矜持を守ったことが浮き彫りにされます。

② 「ロレンゾの友達」で討論さえすれば子どもは高まるのか

「ロレンゾの友達」あらすじ

　20年ぶりに村に帰ってくることになったロレンゾ。しかし、ロレンゾは警察から、会社のお金を取った容疑で追われていました。ロレンゾから手紙を受け取った故郷の友人3人は、かしの木の下でロレンゾに対してどう対応するのかを考え話し合います。それぞれ意見が分かれる中、夜は更けていきます。

　ところが、翌朝になってロレンゾは罪を犯していないことがわかりました。帰ってきたロレンゾを交え4人で酒場に向かいますが、かしの木の下で話し合ったことは、3人のだれも口にしませんでした。

　「ロレンゾの友達」は、ロレンゾの3人の友達の誰の行動のもとになる考えに共感するか（一番近いか）をもとにして討論をすれば、話し合いがよくできる学級であればかなり発言量が多くて「盛り上がる授業」ができるでしょう。しかし、友情、信頼という価値を考えたとき、「情」で判断しているのはアンドレであり、ニコライは「正義」や「法」に基づいて判断していると考えられます。果たして論争に勝利することが、本当に子どもの友情に対する価値観を高めることにつながるでしょうか。3人は、みんなロレンゾのことを思っているのですが、みんなロレンゾが会社のお金を持ち逃げしたという前提で、それならどう対応するかを話し合っています。むしろ、この教材の命は、最後の数行の段落にあります。かしの木の下で話し合ったことを、3人が口にしなかった理由を考えることで、先ず「信じる」ことが大切であることに気付かせたいものです。

　「考え、議論する」アクティブ・ラーニングが提唱されると、とにかく討論させればよいと短絡的に考えがちですが、深く考える切り口を与えて話し合わせることがより大切です。また、副読本によっては、どのような意図があってか、最後の数行を省略しているものもありますが、それではこの教材の命にふれることもないでしょう。

③　10年後のイチローは？

「メジャーリーガー・イチロー」あらすじ

　小学校3年生の時から野球を始めたイチロー選手は、常に次の目標を立てて努力することで活躍の場を広げていき、アメリカに活躍の場を求めていき、メジャーリーグのスーパースターになっていきました。

イチローを扱った教材は、かつて「心のノート」でも、子どもたちに人気がありました。イチローの活躍はテレビのスポーツコーナーでも紹介されることが多く、今を生きる子どもたちが興味をもって考えられる教材です。また、大きな夢を実現するには、小さな目標を順次達成していくステップがあることについて考えることのできる教材でもあります。この教材では、「イチローのすごい（えらい）ところはどこでしょう。」といった大ぐくりな発問がよく見られます。しかし、この教材では、イチローが練習をしたり、逆境を克服したりできた行動の理由と共に、自己実現のために必要なものは何かを考える中で、希望と勇気、努力と強い意志という価値そのものに迫ることが大切であり、発問も苦しい練習を頑張れた理由や逆境をどうして克服していったかという視点から問うことが求められます。

ところで、平成27（2015）年に42歳を迎えたイチローは、

「51歳まで現役を続ける。」

と言っていますが、10年後のイチローは、おそらく現役の野球選手ではないでしょう。従って、イチローの全盛期を知らない10年後の小学生の児童は今の小学生の児童と同じようにイチローをとらえることができないのではないでしょうか。これは、スポーツ選手や芸能人を扱った「流行の」教材を扱うときに留意しなければならないことです。

④　発問に工夫が必要な「くずれ落ちた段ボール箱」

「くずれ落ちた段ボール箱」あらすじ

孫が段ボール箱をくずしてしまい困っているおばあさんに代わって、わたしと友子の二人は、段ボール箱の整理をします。しかし、その事情を知らない店員の田口さんに誤解されて叱られてしまいます。叱られたことに納得のいかない二人でしたが、数週間後、おばあさんから事情を聴いた田口さんから謝りの手紙が校長先生に届き、二人のとった行動は間違っていなかったことがわかります。

「くずれ落ちた段ボール箱」は、親切にすることの難しさと大切さを扱った教材です。子どもは、誤解されてまで、親切な行動をすることの難しさと同時に、人にほめられたり、認められたりすることによって、親切心は育まれることに気付くでしょう。しかし、たとえ人に認められなくても、

親切の価値は変わらないことに気付かせることはより大切です。また、この教材は、主人公は誤解を解くために努力したわけではないのに、周囲の人物のはたらきによって事態は好転しているという教材でもあります。

このような教材では、窓口一本化の考え方で、私の気持ちを追いかけるだけでは、親切という価値について深く考えさせることは難しいです。おばあさんが店員の田口さんに真相を告げた理由、店員の田口さんが校長先生に手紙を書いた理由、校長先生がみんなの前で手紙を読んだ理由のように、主人公以外の登場人物の行動の理由を考えさせることを通して、親切という価値について考えを深めたい教材です。

⑤ 安易な問題解決的学習にしてはいけない「すれちがい」

「すれちがい」あらすじ

> えり子とピアノのおけいこに行くことを約束したよし子は、自分から一方的に時間を決めます。いらいらしながらえり子を待ったが、えり子は来ません。すっぽかされたと思い込んで、えり子に会いましたが事情を聴こうともせずに無視します。一方、えり子は、家の事情でよし子の決めた時間を知ることができず、約束に間に合いませんでした。謝っても許そうとしないよし子に対して不快感を持つようになります。

「すれちがい」は、よし子とえり子の二人の日記を通して、すれちがいから待ち合わせができず、お互いに感情を対立させてしまうという教材です。よし子とえり子のそれぞれの立場に立って、すれちがいの原因を考えさせることを通して、お互いに足りなかったものは何かを考えさせることで、広い心や相互理解，寛容という価値に迫ればよいのですが、

「どうしたら、こんなすれちがいを起こさずにすむでしょう。」
といった、安易な問題解決的な発問をすれば、すれちがいを起こさないための方法の工夫の話し合いに陥ることがあります。

このように、定評のある超有名教材（資料）でも、教材分析が不十分で、発問が主人公の気持ちを追うだけのようなものであると、価値についての新たな発見は生まれにくいと考えられます。教師は、その教材の特質をふまえた教材分析をもとにして、発問を精選して構成することが求められま

す。また、アクティブ・ラーニングや「考え、議論する」という言葉を短絡的に捉えて、とにかく話し合い活動が活発になって、多様な意見が出さえすればそれでよいという考えで授業を構築しないことが求められます。

（参考文献）
1．東京学芸大学編（2013）道徳教育に関する小・中学校の教員を対象とした調査結果報告書　東京学芸大学
2．藤田善正著（2015）超有名資料の落とし穴　小学校低学年　指導方法のとりこになるな　月刊　道徳教育　7月号　48〜49　明治図書
3．宇佐美寛著（1989）「道徳」授業に何ができるか　10〜42　明治図書
4．明治図書編（2013）徹底研究！資料「手品師」月刊　道徳教育　2月号　4〜53　明治図書

Ⅵ　教科化を意識した学習指導案

1　教科化で学習指導案の何が変わるか

　道徳が教科化されることによって、学習指導案を書く際に何が変わるのかは、授業者である教員にとって気になることの一つです。柴原弘志は、日本道徳教育方法学会平成27年度夏期研修会の講演「『学習指導要領解説　道徳編』を読み解く」の中で、基本的には、これまで長年積み上げていたものを尊重するという方向性を示し、用語の変化としては、これまで「資料」と呼ばれていたものが、「教材」と変わることを指摘した上で、モデルとなる学習指導案の略案を示しました。

　そこで、そのような方向性をふまえ、私がこれまで学習指導案を書くにあたって留意してきたことを、改訂された学習指導要領の理念をふまえて述べていきます。私が道徳の学習指導案を書き始めてから約37年経ちますが、研修を深めるたびに、理念的な考え方も深化し、少しずつ書く内容や様式も変化してきました。現時点で到達した考え方とそれに基づいた学習指導案に対する考えを以下に述べます。

(1)主題名と教材（資料）名のちがい

主題名は、（例）「自分の考えで」「規則やきまりについて考えよう」のようにソフトな表現をした方がよいのではないでしょうか。

　内容項目は、現在は、低1-(4)のように表記されますが、学習指導要領改訂後は、A　正直，誠実のようになると考えられます。また、主題名と教材（資料）名を区別することが大切です。

(2)主題設定の理由

・価値観　　子どもにとってその価値を身につけることがいかに大切かについて、できるだけ実例を入れて書くとよいでしょう。その際、発達的な視点があることが望ましいと考えます。

VI 教科化を意識した学習指導案 **147**

・学級観　学級の子どもにこんな悪いところがあるから矯正するというの
　　　　　ではなく、子どものよさを伸ばすとか、このような価値を身に
　　　　　つけることが、子どもの成長にとって大切という視点で書くこ
　　　　　とが大切です。道徳教育は治療教育ではありません。
・教材観　教材（資料）のあらすじだけでなく、本時のねらいに迫るのに
　　　　　その教材（資料）を用いることが適切である理由や、子どもに
　　　　　とって教材（資料）を身近なものにするためや、深く考えさせ
　　　　　るための指導上の工夫を書くこと、また展開上の工夫点もここ
　　　　　で述べることが大切です。

(3)教科等との関連（他の教科・領域との関連）

・最近この点が強調されるようになってきました。それは、全教育活動で
　行う道徳教育と道徳科（道徳の時間）との関連でもあるので、道徳教育
　と道徳科の関連図があるとより明瞭になります。この考え方は、学習指
　導要領が改訂されても変わりません。また、教科・領域との関連だけで
　なく、日常生活とのつながりが深いものもあります。

(4)本時のねらい（指導のねらい）

　「態度を育てる」ことが１時間の授業で達成できるかという問題があり
ます。むしろ、「～する心を育てる」とか、「～しようとする」といった向
上目標的な書き方もよいのではないかと思われます。
　教材(資料)「　　」の○○の行動を通して、～しようとする心を育てる。
という書き方もよいでしょう。

(5)指導過程

　道徳には、絶対こうしなければならない型というものはありません。こ
れは、道徳だけではなく、他の教科でも同じことです。方法を学ぶのはよ
いことですが、一つの方法にこだわる教師は、他の方法のよさに学ぼうと
しない傾向があるのが大きな問題です。

授業展開の欄は、他の教科においても同じですが、「学習段階」や「備考（準備物等）」を除けば、子どもの側からの「学習活動と内容」と教師の側からの「指導上の留意点」の二つの欄で書かれるものが多く見られました。しかし、「発問と予想される反応」の欄を設けることで、発問が精選され、子どもの反応に対する読みが深くなります。また、総合的な学習や特別支援教育の教育理念をふまえて「支援」という用語を学習指導案に書く流れも広がってきました。極端な学習指導案では、「学習支援案」と書かれたものを見たことがあります。また、「指導上の留意点」を「教師の支援」と書き換える学習指導案もかなりよく見られるようになってきました。確かに、「教える教育から育てる教育へ」というスローガンは、耳に美しく聞こえますが、教育から「指導」という要素を外すことはできません。同時に、支援という発想が求められることもあります。そこで、「教師の指導と支援」とすることで、その両方を満たすことができるのではないでしょうか。

これからも道徳科の授業は、教材（資料）として読み物を使うことが中心になるでしょうが、国語の心情読みとは違うことを意識して考えさせるような発問を構成することが大切です。主人公の気持ちを追いかけるだけではなく、道徳的な行動について考えることが大切です。国語の学力差が出ないようにするために、教材（資料）を読むのは主に教師の仕事です。「考え、議論する」道徳のためには、「行動の理由」「物や言葉に添えられた心」「価値そのもの」「失敗の理由」「涙の理由」「本当の〇〇とは」などを中心発問づくりの手引きとして掘り下げることが、価値の本質に迫ることのできる道筋です。また、教材（資料）を通し読みしていても、

「もし、このようにしたらどうなりますか。」

といった発問を入れることで、新たな展開が可能になります。

(6)評価

道徳科の授業との関係から、その学習状況等評価したい内容を評価方法と共に示すことが、大切になってきます。終末段階で気付きや考えを書く

ことは有力な方法ですが、1年生の1学期や知的・情緒的発達障がいの子どもには不向きであり、子どもの発言や表情なども大切にしたいものです。

(7)板書計画

　学習指導案に板書計画が書かれていると、たとえその授業を参観することができなくても、学習指導案を見ただけで授業のおよその流れがよくわかります。それに特化した著書[1][2][3]もあります。板書計画は、教師が押さえたい言葉と同時に、予想される子どもの反応で構成されます。発問に柔軟性が必要であるのと同様に、子どもの反応によって、板書する言葉も子どもの言葉を活かすよう臨機応変にすることが求められます。

(参考文献)
1．永田繁雄・矢部憲司・田野口　重明編著(2012)　新版小学校道徳板書で見る全時間の授業のすべて　低学年　東洋館出版社
2．永田繁雄・林和子・小倉　潔編著(2012)　新版小学校道徳板書で見る全時間の授業のすべて　中学年　東洋館出版社
3．永田繁雄・長谷　徹・馬場　喜久雄編著(2012)　新版小学校道徳板書で見る全時間の授業のすべて　高学年　東洋館出版社

道徳科学習指導案

指導者　　藤田　善正

1. 日　　時

2. 学年・組　第1学年　組

3. 主 題 名　しんせつ　B　親切（低-2-(2)）

4. 教材(資料)名　「はしのうえのおおかみ」（わたしたちのどうとく1・2年）

5. 主題設定の理由

(1)ねらいとする価値について

「先生、○○君順番抜かししよるねん。」

「○○さん、私の嫌がることばっかり言いよるよ。」

　一年生の生活の中では、このようなセリフが飛び出すことがよく見られる。入学から8ヵ月ほど経ち2学期の後半になると、いろいろな行事を通して、集団生活にも慣れて、友達と一緒に勉強したり遊んだりすることを楽しむようになる。また、共同で学び遊ぶ中で、友達に親切にしてもらう喜びを感じる機会も多くなってくる。しかし、まだ自己中心性も残っているので、わがままから人を押しのけたり、相手に意地悪をして困らせるということも多いようである。意地悪はいじめの芽につながることもあるので、親切や意地悪をした（された）ときの気持ちを考える中で、進んで友達に親切にし、お互いに助けあう気持ちを育てたい。それは、人権尊重の精神の基盤にもなろう。

(2)学級の児童の様子

　本学級の児童は、大多数の児童は落ち着いた態度で学習に取り組むことができている。また、障がいのある友達に対しても、声をかけることができるようになっている。しかし、まだ幼さを多分に残している子どもたちの間では、自分中心の言動も見られる。少しずつ友達のことを考えて行動できる子どもに育ってほしいと願っている。そこで、親切と意地悪につい

て考える中で、すすんで人に親切にしようとする心を育てていきたい。

(3) 教材（資料）について

本教材（資料）「はしのうえのおおかみ」は、自分より弱い動物（うさぎ・さる・たぬき）に対してはいじわるをし、自分よりも強い動物（くま）に対してはこびへつらっていたおおかみが、くまの親切に心を打たれて改心するという内容である。本教材（資料）は、動物を擬人化したものであるが、そこに描かれた動物の行為は、子どもの生活の中でもしばしば見られるものであり、身近なものである。また、おおかみの心の高まりに焦点を当てていくと、ねらいに迫るのに適切な教材（資料）と考えられる。

本時の指導に当たっては、セリフ「えへん、へん。」について、どんなときに言う言葉かを話し合う。これは、おおかみの変容の伏線にもなっている。次に、教材（資料）の中ではおおかみの気持ちの変化（転機）に焦点を当てて進めていく。意地悪をして面白がっていたおおかみが、親切にされる嬉しさを知り、さらに自ら進んで親切をする喜びに目覚めていく姿に共感させたい。その過程ではおおかみの行為の問題点を考えさせたり、動作化を通しておおかみに転機をもたらしたものは何か考えていくことが、より高い生き方につながろう。さらに、親切にしたりされたりした体験を発表することで、教材（資料）と自分の生きざまに接点を持たせるだけでなく、自他の今まで気付かなかったよさを発見し、自分をよりよい方向に伸ばしていこうとする意欲を持たせていきたい。

6．教科等との関連　国語　物語文　日常生活

7．本時のねらい：教材（資料）「はしのうえのおおかみ」のおおかみの変容を通して、友達どうしでは、いじわるをしないで、親切にしようとする。

8．本時の展開

	学習活動と内容	主な発問と予想される反応	教師の指導と支援
導入	1．セリフ「えへん、へん。」について考える。	○「えへん、へん。」は、どんな時に言う言葉ですか。 ・いばるとき。 ・自慢するとき。 ・うまくいったとき。	・「えへん、へん。」という言葉に注目させ、おおかみの変容についての伏線を張っておく。
展開	2．教材（資料）「はしの上のおおかみ」を読んで、話し合う。	○うさぎやきつねを追い返しているとき、おおかみはどんなことを思っていますか。 ・おもしろいぞ。 ・いじわるは楽しいな。 ・おれは強いんだ。 ○くまを見て、あわてておじぎをしたのはなぜですか。 ・くまの方が強そうだから。 ・いじわるされそうだから。 ・けんかをしたら負けるから。	・おおかみの言葉「えへん、えへん」を押さえ、いじわるを面白がるおおかみの心をつかませる。 ・おおかみが、くまも自分と同じように弱い者いじめをすると考えていることに気付かせる。
	3．動作化を見て話し合う。	○おおかみは、くまの後ろ姿をながめながら、どんなことを考えていたでしょう。 ・くまはやさしいな。 ・いい気持ちだった。 ・やさしくしてもらうと気持ちがいいな。	・おおかみの転機に気付かせる。 ・くまにあこがれをもつおおかみの姿に気付かせる。
	4．おおかみの変容について考える。	○うさぎをおろしたあと、「えへん、へん。」と言ったとき、おおか	・最初の「えへん、えへん。」との違いに気付かせる。

		みは、どんなことを考えていますか。 ・ああ、いい気持ちだ。 ・いじわるするより楽しいな。	・親切にすることで得られる満足感に気付かせ、おおかみの気持ちに共感させる。
展開			
終末	5.（A案） 親切にしてもらったり、したりして嬉しかったことを発表する。	○友達に、親切にしてもらったり、友達に親切にしたりして嬉しかったことは、ありませんか。 ・○○君に落し物を拾ってもらった。 ・けがした時、○○さんに保健室に連れて行ってもらった。 ・○○君に○○を貸してあげた。	・自分たちの生活の中にある、親切に目を向けさせる。
	（B案） 学習したことについて、考えて書く。 （2学期以降なら可）	○おおかみが、前より、ずっといい気持ちになったのは、なぜでしょう。 ・しんせつはきもちがいいから。 ・いじわるよりもしんせつのほうがいいきもちだから。 ・くまのようになれるから。	・書かせることによって、価値の自覚化を図り、授業評価の一助とする。

9．評価

（A案の場合）

・授業中の発言

・終末における親切にしてもらったり、したりして嬉しかったことの発表内容

（B案の場合）
- 授業中の発言
- 児童の気付きや考え（文章や言葉を通して）

10. 板書計画

「えへん、へん。」
- いばるとき。
- じまんするとき。
- うまくいったとき。

「えへん、えへん。」
はしのうえのおおかみ
とおせんぼをしているとき
- おもしろいぞ
- おれはつよいんだ
- いじわるはたのしい

どうして、くまにおじぎをした？
- くまがつよそうだから。
- いじわるされそうだから。
- けんかをしたらまけるから。

くまのうしろすがたをみながら
- くまはやさしいな。
- いいきもち
- やさしくしてもらうときもちがいい

「えへん、へん。」
- ああ、いいきもちだ。
- いじわるするよりたのしいな。

道徳科学習指導案

指導者　　藤田　善正

1．日　　時
2．学年・組　第2学年　　組
3．主 題 名　なかよし　B　友情（低-2-(3)）
4．教材(資料)名　「二わのことり」（文部省資料）
5．主題設定の理由

(1)ねらいとする価値について

「先生、○○君が、遊び入れてくれへんねん。」

「○○さんが、ぶらんこをひとりじめして、貸してくれへんよ。」

　2年生の生活の中では、よくこんな場面にぶつかる。2学期ともなると、子どもたちは集団生活にも慣れて、行動も活発となり、友達と一緒に勉強したり遊んだりすることを一層楽しむようになる。しかし、まだ自己中心性の強い子どもたちは、気のあった者どうしは、親切にし、助け合うが、そうでない者に対しては、進んで助け合おうとはしないことが多いようである。それは、友達の立場を十分理解できないためでもある。そこで、身近な生活経験の中で、友達の立場を見つめ、お互いに助け合って行くような心を育てたい。

(2)学級の児童の様子

　本学級では、忘れ物をした友達に進んでものを貸してあげたり、けがをした友達を気遣って上げる姿がよく見られ、友情の芽が育ちつつある。また、友達のよい行為を発見したら、「よい子の箱」に投書して、帰りの会で発表している。しかし、些細なことが下で口論になったり、相手の嫌がることをすることもしばしば見られる。さらに、「なかよし集会」の遊び方を見ると、仲良く遊ぶよりも、賞品がもらえることに目が向きがちのところもある。そこで、友達と仲良くするためには、どうすることが大切か考えさせる中で、子どもたちに温かい心情を育んでいきたいのである。

(3)教材（資料）について

　本教材（資料）「二わのことり」は、やまがらから誕生日の招待状を受けながら、友達に誘われるままにうぐいすの家に来てしまったみそさざいが、さびしく待っているであろうやまがらのことを思い、やまがらの家に行くという内容であり、ねらいに迫るのに適切な教材（資料）と考える。授業にあたっては、みそさざいの心の動きに焦点を当てて進めていきたい。また、導入では、自分の生活と教材（資料）の接点を見つけさせるために、友達の家などに「きてよかった」と思う経験を発表させ、自分たちの友情観の問題点に気づかせたい。さらに、みそさざいがやまがらの家に行った理由を考えさせることによって、本当の友情とは何かを追求させたい。終末では、友達のすばらしさを見つけた経験を発表させることによって、自分の心の高まりを自分で発見させたいと考える。

6. 教科等との関連　国語(物語文)　日常生活

7. 本時のねらい：教材(資料)「二わのことり」のみそさざいの変容を通して、どんな友達とも仲良く助け合っていこうとする。

8. 本時の展開

		学習活動と内容	主な発問と予想される反応	教師の指導と支援
導入		1. 友達の家や、仲良し集会に遊びに行って、「きてよかった。」と思うのはどんな時か話し合う。	○みなさんが、友達の家や、仲良し集会に遊びに行って、「きてよかった。」と思うのはどんな時でしょう。 ・ゲームが楽しかった。 ・おもちゃが楽しかった。 ・ごちそうが出た。 ・賞品がもらえた。 ・おみやげをもらった。	・仲良く遊べることよりも、物（おもちゃ・食べ物・賞品）に目が向きがちな自分たちの姿を見つめさせる。

展開	2．教材（資料）「二わのことり」を読んで考える。	○今日は、「二わのことり」というお話をしますが、最初にこのお話に出てくる鳥の名前を紹介します。 ・みそさざい ・うぐいす ・やまがら	・絵をもとに、みそさざい、うぐいす、やまがらという鳥の名前をはっきりさせておく。
	・小鳥たちは、なぜ、うぐいすの方へ行ったのか。	○小鳥たちは、なぜうぐいすの方へ行ったのでしょう。 ・明るいきれいなところだから。 ・ごちそうがあるから。 ・楽しそうだから。 ・音楽が好きだから。	・うぐいすの家を選択した理由の中に、自分たちと似たものがあることにもふれておく。
	・うぐいすの方へ行ったみそさざいをどう思うか。	○うぐいすの方へ行ったみそさざいのことをどう思いますか。 ・友達のことを考えていない。 ・かわいそう。 ・みんなにつられている。 ・みそさざいだけは、迷っている。	・みそさざいだけは、他の鳥と違って迷っていることに気付かせる。
	3．うぐいすの家で、みそさざいが考えたことについて話し合う。	○みんな楽しそうなのに、どうして、みそさざいは、こんな面白くない顔をしているのでしょう。 ・みんなが、やまがらの悪口を言っているから。 ・みんなが、ごちそうのことしか考えていないから。	・みそさざいを不機嫌にさせたものは何か考えさせる。

展開	4. みそさざいが、やまがらの家に行こうとしたわけを考える。	○みそさざいが、やまがらの家に行こうとしたわけは、なぜですか。 ・やまがらがかわいそうだから。 ・やまがらはひとりぼっちの誕生日だから。 ・誕生日は、一年に一日だけだから。 ・みんなの悪口を聞いていやになったから。	・単なる同情や、親切を超えた本当の友情を追求させたい。
	5. みそさざいは、やまがらの家に行ってどう思ったか話し合う。	○みそさざいは、どうして、やまがらの家でニコニコしているのでしょう。 ・やまがらが喜んでくれたから。 ・やまがらの家にきてよかったと思ったから。 ・やまがらの涙を見たから。	・みそさざいのやまがらの家でのニコニコ顔をうぐいすの家での不機嫌な顔と対比して考えさせる。
	6. うぐいすの家になくて、やまがらの家にあったものは何か考える。	○うぐいすの家になくて、やまがらの家にあったものは何でしょう。 ・やさしさ ・思いやり	・ごちそうと対比した上で、精神的なものの価値に気付かせる。 （やさしさ・あたたかさ）
終末	7. 学習したことについて、考えて書く。	○みそさざいが、やまがらのうちに「来てよかった」と思ったのは、なぜでしょう。	・書かせることによって、価値の自覚化を図り、授業評価の一助とする。

9. 評価

・授業中の発言

・児童の気付きや考え（文章や言葉を通して）

10. 板書計画

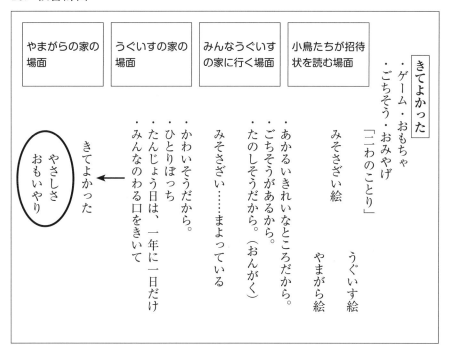

道徳科学習指導案

指導者　　藤田　善正

1．日　　時

2．学年・組　第3学年　組

3．主 題 名　素直な心で　A　正直・誠実(中-1-(4))

4．教材(資料)名　「まどガラスと魚」(原典は文部省資料)

5．主題設定の理由

(1)ねらいとする価値について

「〇〇君もやっとったから、僕だけが悪いのと違う。」

「だって、わざとしたんじゃないもん。」

　3年生の子どもたちに「自分が過ちを犯したときにはどうするか。」と、尋ねたら、ほとんどの者が、「すぐに謝る。」と、答えるのであるが、いざ現実の生活場面を見ると、上記のような言い訳をして、自分の行為を正当化する姿が見られる。また、嘘をついて、ごまかそうとすることもある。確かに、自分の過ちを素直に認めることは、口で言うほどたやすいことではなく、勇気のいることである。また、このような場合の嘘がよくないということは頭の上では分かっているのだが、自分を守るためについ、嘘をついてしまうのである。そのようにして、自己防衛したつもりが、嘘がばれたりすると、かえって信用を失ったりすることがある。また、一方、過ちを犯したら、口で謝ったらそれでよいのだと安易に考えてしまうような傾向も見られる。そこで、「嘘をついてはいけません。」といったスローガンだけの指導でなく、子どもの内面に踏み込んだ誠実さについての指導が必要である。

(2)学級の児童の様子

　本学級の児童は、生活の中でいろいろな失敗をして周囲に迷惑をかけることもあるが、たいてい素直に謝ることができる。しかし、自分の失敗を認められず、人のせいにすることも見られる。そのようなことから、誠実

さの意味について、より深く考えさせたい。

(3)教材（資料）について

本教材（資料）「まどガラスと魚」は、よそのまどガラスを誤って割ったが、正直に謝れず、逃げ出してしまい、後で苦悩する主人公の千一郎が、飼い猫のとった魚のことで謝って歩いている近所のお姉さんの姿を見て、正直に謝りにいく話である。本教材（資料）は、千一郎の心の葛藤や変化が巧みに描かれており、ねらいに迫るのに適切な教材（資料）であると考える。

さて、本教材（資料）では千一郎との心の重ね合わせを図るために、導入部分に役割演技を取り入れ、つい低い価値に傾きがちな自分を見つめさせたい。千一郎がとる行動とその理由を考えたり、その後の千一郎の心の動きを追いかけたりする中で、誠実な行為について考えを深めたい。また、千一郎が夕方から朝までの約半日をどんな想いで過ごしたか考えさせることを通して、誠実さとは、過ちを犯せば、すぐに口で謝ればよいと言った表面的・形式的なものでなく、正・不正を見極め、自己を反省し、妥協しない厳しい生活態度から生まれるものであることをつかませたい。

また、終末においては、授業を通して気付いたことを書かせることによって、誠実という価値に対する自分の考えをまとめさせたい。

6．教科等との関連　国語　読み物　日常生活

7．本時のねらい：教材（資料）「まどガラスと魚」の千一郎の心の変容を考えることを通して、自分の過ちを反省し、正直に明るい心で生活しようとする。

8．本時の展開

	学習活動と内容	主な発問と予想される反応	教師の指導と支援
導入	1．録音された音が何か考える。	○これは何の音でしょう。 ・花瓶が落ちてこわれた音	・窓ガラスが割れた音であることに気付かせ、教材（資料）へとつなぐ。

		・ガラスが割れた音	
導入	2. キャッチボールの ボールがそれて、ガ ラスを割ったときの 行動を役割演技する。	○ピッチャーとキャッ チャーになって、ガラ スを割った後どうする か、やってみましょう。 （ガラスが割れた音は、 先生がやります。）	・ピッチャーとキャッ チャーになって、ガラ スを割った後の行動を 役割演技させ、（数組） その理由も聞くように する。
	・行為のもとになる考え を話し合う。	○（にげる） ・怒られるとこわいか ら。 ・弁償させられるから。 ○（あやまる） ・悪いことをしたから。 ・逃げてつかまったら、 もっと怒られるから。 ・許してもらえるから。	・「にげる」と「あやまる」 に類型化して、人間誰 しもが持っている弱さ （怒られるのが恐いの で逃げたり謝ったりす る等）に気付かせるよ うにする。
展開	3. 教材（資料）「まどガ ラスと魚」を聞きな がら、千一郎の心の 動きを考える。		
	・逃げた理由	○千一郎はなぜ逃げたの でしょう。 ・ぶんすけにつられて	・千一郎の行動の中に、 人間の弱さを見つけさ せる。
	・心と行動が違うのはど うしてか。	○あやまらなければと思 いながら逃げたのはど うしてでしょう。 ・ぶんすけに悪く思われ たくない。 ・怖かったから	
	・遠回りをして、その家 を見に行ったわけ	○なぜ、千一郎は遠回り をしてまでその家を見 に行ったのでしょう。 ・その後どうなっている か気になったから。	・千一郎が、逃げた後苦 悩している姿を浮き彫 りにする。

		・心配になったから。	
展開	4．魚をとって逃げた猫を見たときの千一郎の気持ちを考える。	○魚をとって逃げた猫を見たとき、千一郎はどう思ったでしょう。 ・腹が立つ。 ・つかまえてやろう。	・加害者と被害者と、立場が逆転したら、気持ちがどう変わるかを見つめさせるようにする。
		○猫と千一郎のしたことに似ているところはないでしょうか。 ・どちらも悪いことをして逃げている。	・猫の行為と千一郎の行為の共通点にも触れておく。
	5．千一郎が、謝ろうとした理由を話し合う。	○千一郎は、なぜ謝ろうと思ったのですか。 ・お姉さんのしたことを見て。 ・このままでは猫と同じになると思ったから。 ・これまでのもやもやした気持ちがすっとするから。	・千一郎の転機に目を向けさせる。
	6．千一郎は、どんな想いで一夜を過ごしたか考える。	○お姉さんが謝りに来てから、お母さんに正直に言うまでの間（約半日）、千一郎はどのように過ごしたでしょう。 ・どう言ってあやまろうかずっと考えていた。 ・なかなか眠れなかった。	・夕方から朝までの約半日という長い時間に目を向けさせる。
終末	7．この授業を通して気付いたことを書く。	○この授業を通して気付いたり、考えたりしたことを書きましょう。	・本時の学習で考えが深まったことを意識させる。（授業評価）

9. 評価
   ・役割演技への参加や授業中の発言
   ・児童の気付きや考え（文章や言葉を通して）

10. 板書計画

○**にげる**
・おこられるとこわいから。
・べんしょうさせられるから。
○**あやまる**
・悪いことをしたから。
・にげてつかまったら、もっとおこられるから。
・ゆるしてもらえるから。
「**まどガラスと魚**」
千一郎は、なぜにげたのでしょう。
・ぶんすけにつられて
・おこられるのがこわくなって
どうして、見に行ったのでしょう。
・気になるから。
千一郎の気持ちが変わったのはなぜでしょう。
・お姉さんのしたことを見て
・もやもやがすっきりする。

朝 ←→ 夕方
・どう言ってあやまろうか。
・なかなかねむれなかった。

道徳科学習指導案

指導者　　藤田　善正

1．日　　　時
2．学年・組　第4学年　組
3．主 題 名　みんな生きているんだ　D　生命尊重（中-3-(1)）
4．教材（資料）名　「ヒキガエルとロバ」（私たちの道徳　小学3・4年）
5．主題設定の理由

(1)ねらいとする価値について

　人間は、同じように生命ある動植物と共に生きている。しかし、子どもたちはそれをあまり自覚することなく、食べ物の好き嫌いをしたりすることもあるし、大人は諸々の産業や狩猟等を通して自然破壊を引き起こしたりして、動植物を絶滅させてしまうなど、解決すべき課題が山積している。また、核家族化の進行によって、子どもたちは身近な高齢者が老や死を迎えるなどの実体験が乏しい。また、連日のようにマスコミ報道を通して生命を軽く扱ったりする事件等を見ている。「共生」を考えるとき、すべての生命が、自分と同じようにたった一つの生命をもっていることを再認識させ、かけがえのない生命を尊重し、大切にしていこうとする心を育てることは大切なことである。

(2)学級の児童の様子

　本学級の児童は、動植物が好きである。育てたり観察したりすることに興味を持って取り組み始める。しかし、次第に世話がおろそかになり、栽培している植物を枯らしたり、自分たちで捕まえた昆虫をほったらかしにして死なせてしまったりしたこともあった。また、花は美しいから好きであり、昆虫は遊び相手として楽しいと考えている傾向も見られる。

(3)教材（資料）について

　本教材（資料）「ヒキガエルとロバ」は、アドルフたち3人の子どもが、

学校の帰りにヒキガエルを見つけ、石を当てようと投げていたところへ、荷車を引いたロバがやって来る。ロバは足下にいる傷ついたヒキガエルに気付き、農夫からムチで叩かれながらも、荷車でヒキガエルをひき殺さないように足をふんばり、ヒキガエルのいるくぼみをよけて、通り過ぎる。その姿を見ていたアドルフたちは、ロバの行動に心を動かされ自らを反省するという話である。

　導入において、ヒキガエルの写真を提示し、正直な感想を求めて本時のねらいの伏線にしていく。展開では、ロバの行動を通して自分たちの中にある悪に気づき、命の尊さに目覚める子どもたちの姿を浮き彫りにしたい。終末では、導入で見せた写真の感想を再度問うが、ここでは急激な変化は求めない。また、みんなで「手のひらを太陽に」の歌を聞くことで、歌詞に込められた詩人やなせたかしからのメッセージを感じ取らせながら、余韻のある終わり方をしたい。

6．教科等との関連　理科・飼育栽培活動

7．本時のねらい：教材(資料)「ヒキガエルとロバ」の子どもたちの変容
　　　　　　　　　を通して、命の尊さや生きていることの素晴らしさを
　　　　　　　　　より深く感じる。

8．本時の展開

	学習活動と内容	主な発問と予想される反応	教師の指導と支援
導入	1．ヒキガエルの写真を見て話し合う。	○これは、ヒキガエルの写真です。この写真を見た感想を言ってください。 ・気持ち悪い。 ・さわりたくない。 ・ぬるぬるしてそう。 ・大きくて強そう。 ・こわそう。	・感じたことを自由に発表させる。

	2．教材(資料)「ヒキガエルとロバ」を読んで話し合う。		
	・アドルフたちは、なぜヒキガエルに石を投げたのか。	○アドルフたちは、なぜヒキガエルに石を投げたのでしょう。 ・気持ち悪いから。 ・軽い気持ちで。 ・どこかへ行ってほしいから。	・見た目の気持ち悪さから、深く考えずに石を投げていることに気づかせる。
	・ロバと荷車が近づいてきたとき、アドルフたちは、どんなことを考えたか。	○ロバと荷車が近づいてきたとき、アドルフたちは、どんなことを期待したでしょう。 ・ひかれたら面白い。 ・どうなるだろう。 ・これは面白くなりそうだ。	・ヒキガエルがひかれることを期待しながら、興味本位でロバの動きを見ているアドルフたちの姿を見つめさせる。
展開	・ロバのとった行動を見て、少年たちは、どんなことに気がついたか。	○ロバのとった行動を見て、子どもたちは、どんなことに気がついたでしょう。 ・ロバはなんと優しいのだろう。 ・僕たちは悪いことをしていた。 ・ヒキガエルにも命がある。 ・みんな一生懸命生きているんだ。	・ロバの行動によって、自省の心が芽生えてくる少年たちの姿を浮き彫りにする。
	・この話の続きを考えることを通して、子どもたちのロバや自分たちに対する考えの変容を考える。	○この子どもたちはこれからどうするでしょう。 ・石を捨てた。 ・ヒキガエルを逃がしてやった。 ・生き物を大切にした。	・子どもたちの行動とその理由を考えさせる。

		○なぜ、そうするので しょう。 ・自分たちの間違いに気 づいたから。 ・ロバに命の大切さを教 えられたから。	・子どもたちの気づきを 考えさせる。
展 開			
終 末	3. 最初にヒキガエルの 写真を見た時の感想 と今の感想を比べて みる。	○最初にヒキガエルの写 真を見た時の感想と今 の感想は同じですか。 ・やっぱり気持ち悪い。 ・気持ちわるいけど、生 命は大事だ。	・急な変化を求めず、生 命の大切さに目を向け させたい。
	4.「手のひらを太陽に」 を聴く。	○「手のひらを太陽に」 を聴きましょう。	・余韻のある終わり方を したい。(「手のひらを 太陽に」の歌のCD)

9. 評価

　・授業中の発言

　・最初にヒキガエルの写真を見た時の感想と今の感想の変化

10. 板書計画

ヒキガエルをよけて荷車を引くロバ	ロバがヒキガエルに気づく	荷車を引いたロバがやってくる	石を投げるアドルフとピエール	ヒキガエルの写真

ヒキガエルとロバ

・気持ち悪い。
・さわりたくない。
・ぬるぬるしてそう。
・大きくて強そう。
・こわそう

石を投げたわけ
・気持ち悪いから。
・軽い気持ちで。
・どこかへ行ってほしいから

どんなことを期待した？
・ひかれたら面白い。
・どうなるだろう。

子どもたちの気づきは？
・ロバはなんとやさしいのだろう。
・ぼくたちは悪いことをしていた。
・ヒキガエルにも命がある。
・みんな一生けん命生きているんだ。

これからどうする？　なぜ？

命を大切に

・自分たちの間違いに気づいたから。
・ロバに命の大切さを教えられたから

道徳科学習指導案

指導者　　藤田　善正

1．日　　時
2．学年・組　第5学年　組
3．主 題 名　相手のことを考えて　B　寛容(高-2-(4))
4．教材(資料)名　「リストの弟子」(文部省資料　大木雄二原作)
5．主題設定の理由
　(1)ねらいとする価値について
　人間は、だれでも、美しいものに感動する心を持っている。しかし、日常生活の中では自分の仕事や暮らしに追われ、物事を損得勘定で判断したり、相手の立場を考えずに行動したりしがちである。従って、児童には、できる限り美しいものに触れる機会を多くして、それらに対して素直に美しいと感動する心を大切にしていきたい。寛容や思いやりという価値は、相手の身になって広い心で行動したり、その人の立場に立って一緒になって考えたりして、問題を乗り越えるために実践することである。そのような思いやりの美しさに感動することが、進んで思いやりのある行動をする意欲につながるものと考える。

　(2)学級の児童の様子
　本学級は、全体的にはおだやかな児童が多く協力的な雰囲気がある。しかし、授業において自分の考えをもっていても表に出さない児童もおり、それらの児童の考えを引き出すことも課題である。もうすぐ6年生になるこの時期に、相手の立場に立ってものを考え行動するという視点を大切にして学級づくりをしていくことが求められる。

　(3)教材（資料）について
　本教材（資料）「リストの弟子」は、外国人の伝記であり、児童には、同じような生活経験のない教材（資料）ではあるが、嘘をつかれて不愉快

なリストの心情と、嫌なことをされたときの自分たちの心情の間に接点を持たせることができよう。このようなとき、なかなか相手の立場や心を考えられず、すぐ相手を責めたくなる自分たちと対比して、リストの行動を考えれば、リストの人間としての素晴らしさが浮き彫りにされるだろう。また、リストの生き方に対する憧れのようなものが自分を一歩高めてくれるのではないだろうか。このようなことを通して、弱い立場の人や、苦しんでいる人に対する接し方も学べるであろう。

　導入では、骨折のため腕にギプスをはめて絵を描いた子の絵を見せて話し合わせる。この時、敢えて、事情は話さない。ともすれば、相手の事情を考えずに思いついたことをすぐ口にしがちな自分たちの姿を見つめさせたい。展開では、リストのあたたかい心に共感させることを中心にしながらも、一人ひとりの考えを出させていきたい。また、終末では、リストの作曲した作品のうち「愛の夢第３番」のＤＶＤを視聴させ、余韻をもって終わりたい。なお、リストが祖国ハンガリーの大洪水に際して、慈善コンサートを開いたことや、少年時代にツェルニーに無料で教えてもらったことに感謝して、大家となってからは、弟子を無料で教えていたといった逸話に触れていくと、リストの人間性が一層よく理解され、教材（資料）に載せられた話が決して特別なことでないということもわかるであろう。

6．教科等との関連　音楽・国語(伝記)

7．本時のねらい：教材(資料)「リストの弟子」のリストの言動を考える
　　　　　　　　　ことを通して、相手の立場や気持ちを考えて行動しよ
　　　　　　　　　うとする。

8．本時の展開

	学習活動と内容	主な発問と予想される反応	教師の指導と支援
導入	1．5年生が描いた「友達の顔」の絵をみて話し合う。	○これは、皆さんと同じ5年生が描いた「友達の顔」という題の絵で	・相手の事情を考えず、人の欠点に眼の向きがちな自分の姿に気付か

		す。この絵を見た感想を言ってください。 ・へた。 ・目が離れすぎている。 ・ていねいにかいている。 ・大きさのバランスが悪い。 ・ちょっとこわい。	せる。
導入			
展開	2. 教材(資料)「リストの弟子」を視聴しながら、話し合う。 ・ビラを見たときリストはどう思ったか。	○ビラを見たときリストはどう思ったでしょう。 ・いやだ。 ・はらがたつ。 ・気味が悪い。 ・だれだ、こんなことをするのは。	・嘘を不愉快に思うリストの気持ちを押さえておくと共に、こんなことをされたらどうしたいか考えさせる。
	・女の人の話を聞こうとしたのはなぜか。	○なぜ、リストは、女の人の話を聞こうとしたのでしょう。 ・何か特別な事情があるのかもしれない。 ・自分からあやまりに来たから。	・不愉快であっても、相手の事情を考えようとしているリストの姿を見つめさせる。
	・リストが、女の人にピアノを教えたわけを書く。	○リストは、なぜ女の人にピアノを教えたのかそのわけを書きましょう。 ・病気の家族がかわいそうだから ・女の人が泣いているから。 ・理由を聞いて納得したから。	・リストが、教えた理由を考えることを通して、どうすることが女の人にとって一番よいかを考えていることに気付かせる。

展開		・自分ができることで助けてあげようと思ったから。 ・がんばれ！ ・弟子にしたいから。 ・うまくなって、コンサートを成功させたいから。	
	・「許す」と「弟子にする」ことの違いはどこか。	○「許す」と「弟子にする」は、同じですか。 ・ちがう。 ○それでは、どこがちがいますか。 ・許すだけなら、うそつきのままだけど、弟子にしたら、うそつきでなくなる。	・女の人をただ許すのではなく、嘘つきにしたくないというリストの温かい心に共感させたい。
	3．リストの少年時代の逸話を聞く。	○リストは、なぜこんなことができる人になったのでしょう。リストの少年時代の話などを聞きましょう。	・リストの他の逸話を紹介する。
終末	4．リスト作曲「愛の夢第3番」を視聴する。	○リストの曲の中で有名な「愛の夢第3番」を聴きましょう。	・余韻のある終わり方をしたい。（牛田智大のDVD）

9．評価

・授業中の発言

・児童の考え（文章や言葉を通して）

10. 板書計画

- へた
- 目がはなれすぎている。
- 大きさのバランスが悪い
- ていねいにかいている。

リストの弟子

ビラを見たとき
- 気味が悪い。
- はらがたつ。
- いやだ。

話を聞こうとしたわけは
- 自分からあやまりに来たから。
- 何か事情がありそうだ。

なぜ、ピアノを教えたのか。
- 理由を聞いて、なっとくしたから。
- 病気の家族がかわいそうだから。
- 自分ができることで助けてあげようと思ったから。
- がんばれ！

許す……うそつき ⇔ 弟子にする……うそつきでない

道徳科学習指導案

指導者　　藤田　善正

1．日　　時

2．学年・組　第6学年　　組

3．主 題 名　誠実に生きる　Ａ　正直・誠実(高-1-(4))

4．教材(資料)名　「手品師」(文部省資料)

5．主題設定の理由

(1)ねらいとする価値について

　誠実さとは他人に対しても自分に対しても、うそ、偽り、ごまかしがなく自分の良心に従って陰ひなたなくまごころをもって行動することである。日常生活の場面において誠実さは、他人への接し方や、仕事などに対する対応において行為や態度として表れる。また、自分の良心に従って判断し行動することが誠実さにつながる。誠実な生き方は、明るい心で生活することにつながり、さらには、自己を向上させることにもつながっていく。利害や周りの雰囲気に流されず、自分の良心に従って真剣に考え行動しようとする心を育んでいきたい。

　しかし、現実には、約束を守ることの大切さや、約束は守らなければならないことは知っていても、自分が置かれた状況によっては、自分本位な考えや行動をとってしまうこともあろう。そのようなことから、良心に従って誠実に生きることの大切さを考えさせたい。

(2)学級の児童の様子

　本学級の児童は、人に対してやさしい気持ちをもっており、学級内でのけんかやトラブルは非常に少ない。また、何が正しいかや自分がすべきことなどについては、ある程度判断でき、自分自身に対して正直に行動することの大切さは知っている。また、自分自身で判断し行動しようとする姿を見ることが出来る。しかし、掃除当番や係の仕事など真面目にしなければいけないと思っていても、つい友達と遊んだりさぼったりしてしまうこ

ともある。また、宿題等自分がしなければならない課題を期日までにして
こない姿も見られる。そのようなことから、自分自身に対して誠実に生き
ようとする心を育てていきたい。

(3)教材（資料）について
　本教材（資料）「手品師」は、腕はよいがあまり売れない手品師の話で
ある。その手品師は大劇場に出ることを夢見て日々努力をしていたが、あ
る日、一人ぼっちの男の子に会い手品を見せて喜ばせ、翌日も来ることを
約束する。ところが、その夜、手品師は友人から大劇場の出演の誘いを受
ける。手品師は迷いに迷うが、男の子との約束を大切に考えて、誘いを断
る。そして翌日、男の子の前で素晴らしい手品を披露する。
　本教材（資料）は、男の子との約束と自分の夢の実現との間で迷う手品
師の心に共感しやすい教材（資料）である。男の子の境遇に対する共感の
度合いや、夢に対する思いの強さは受け止める児童一人ひとりによって違
う。また、どちらの道を選択すべきかに唯一の「正解」はない。同時に、
約束を守ることについても、男の子との約束があったのだから、約束は守
るべきだ。という表面的な理由で判断させたくない。そこで、手品師が男
の子との約束を守ったことで失わなかったものは何かを考えることを通し
て、自分自身の利害を度外視して、自分の良心に従って誠実に行動するこ
とのすがすがしさや、それが、明るく生きることにつながることに気づか
せたい。

6．教科等との関連　国語　物語文　日常生活

7．本時のねらい：教材（資料）「手品師」の主人公手品師が、男の子と
　　　　　　　　　の約束を守ったことで失わなかったものは何かを考え
　　　　　　　　　ることを通して、誠実に生きようとする心を育てる。

Ⅵ　教科化を意識した学習指導案 **177**

8．本時の展開

	学習活動と内容	主な発問と予想される反応	教師の指導と支援
導入	1．約束を守ることの大切さについて話し合う。	○約束を守ることはなぜ大切ですか。 ・人に迷惑がかかるから。 ・人をだますことになるから。 ・うそつきになるから。 ・ずるい奴と言われたくないから。	・人に対してと、自分に対しての両面から考えさせる。
展開	2．教材(資料)「手品師」を読んで、話し合う。	○「手品師」という話を読むので、聴きましょう。	・手品師の仕事を紹介する。
	・手品師の状況について	○手品師は、どうして貧しいのですか。 ・チャンスに恵まれないから。 ・人気がないから。 ・有名でないから。 ・みんなが手品のよさをわかってくれないから。	・チャンスに恵まれず売れない状況や、大劇場に出たい夢をもっていることに気付かせる。
	・男の子に手品を見せたわけ	○手品師は、どうしてお金も取らずに男の子に手品を見せたのでしょう。 ・一人ぼっちでかわいそうだから。 ・はげましてあげよう。 ・放っておけない。	・手品師が男の子に共感して、放っておけない気持ちになっていることをつかませる。
	・どうして明日も来ると約束したのか	○手品師は、どうして明日も来ると約束したのでしょう。 ・どうせひまだから。 ・かわいそうだから。	・軽い気持ちで約束したことを押さえておく。

展開	3．友人から誘いがあった時の手品師の迷いについて話し合う。	○友人から誘いがあったとき、手品師はどんなことを考えたでしょう。 ・すごいチャンスだ。 ・こんなチャンスは二度とないかもしれない。 ・夢がかなえられそうだ。 ・男の子との約束をどうしよう。	・手品師の迷いについて共感させる。
	4．手品師が男の子との約束を守ることによって失ったものについて考える。	○手品師が男の子との約束を守ることによって失ったものは、何でしょう。 ・大劇場に出られるチャンス ・お金 ・有名になること ・夢	・手品師が失ったものの大きさに気付かせる。
	5．手品師が男の子との約束を守ることによって失わなかったものについて書いて発表する。	○手品師が男の子との約束を守ることによって失わなかったものについて書きましょう。 ・思いやりの心 ・自分への誇り ・良心 ・誠実さ ・夢	・手品師が自分の良心に従って生きることによって人間として尊いものを失わなかったことに気付かせる。
	6．翌日、男の子の前で手品を演じている手品師の想いを考える。	○手品をしながら、手品師はどんなことを思っているでしょう。 ・男の子がよろこんでくれたからこれでいい。 ・チャンスはまた来るだろう。 ・約束を守ってよかった。	・自分に対して誠実にできたさわやかさに気付かせたい。

終末	7.「手品師」を読んで、気付いたことや考えたことを書く。	○「手品師」を読んで、気付いたことや考えたことを書きましょう。	・教材(資料)によって高められた価値観に照らして自分の気付きを書かせる。

9．評価

・授業中の発言

・児童の気付きや考え(文章や言葉を通して)

10．板書計画

約束を守ること
・人にめいわくがかかるから。
・人をだますことになるから。
・うそつきになるから。
・ずるいやつと言われたくないから。

手品師
どうして貧しいのか
・チャンスにめぐまれないから。
・有名でないから。
・みんなが手品のよさをわかってくれないから。
男の子に手品を見せたのは
・一人ぼっちでかわいそうだから。
・はげましてあげよう。
・放っておけない。

約束 ←→ 大げき場
男の子との約束を守ることで

失ったもの
・お金
・大げき場に出るゆめ
・有名になること

失わなかったもの
・思いやりの心
・自分へのほこり
・良心
・誠実さ
・ゆめ

・男の子がよろこんでくれたからこれでいい。
・チャンスはまた来るだろう。
・約束を守ってよかった。
・来てよかった。
・うれしい

藤田　善正（ふじた　よしまさ）

昭和27（1952）年12月13日尼崎市生まれ
昭和52（1977）年大阪教育大学大学院修了。
守口市立橋波小学校教諭，大阪教育大学教育学部附属池田小学校教諭，同校教頭・副校長，守口市教育委員会主幹兼指導主事　大阪府教育委員会指導主事，守口市立南小学校教頭，守口市教育委員会人権教育課長，守口市教育委員会教育・人権指導課長，守口市立寺方小学校校長，守口市立八雲小学校校長，大阪総合保育大学非常勤講師

平成6年度　文部省小学校道徳教育推進指導資料作成協力者会議委員
平成10・11年度　大阪府道徳実践活動学習教材作成会議委員
平成16・17年度　文部科学省「心のノート」の改善協力者会議委員
平成22・23年度　全国小学校道徳教育研究発表大会大阪大会実行副委員長
平成24年　大阪府小学校道徳教育研究会副会長　大阪府小学校道徳教育研究発表大会北河内大会実行委員長

〈主な著作〉
「自ら問い続ける個の学習」（分担執筆1985泰流社）
「小学校道徳主として他の人々のかかわりに関すること」（分担執筆1990明治図書）
「個性を生かす授業の創造」（分担執筆1994明治図書）
「感動と感化で創る道徳授業」（単著1997明治図書）
「全訂教頭読本」（分担執筆1999教育開発研究所）
「心理学者が語る心の教育」（分担執筆1999実務教育出版）
「ボーイ・ソプラノの研究」（単著1999東和印刷）
「「心の教育」時代の道徳教育」（単著2000明治図書）
「重要用語300の基礎知識12　道徳・特別活動重要用語300の基礎知識」（分担執筆2000明治図書）
「子どものこころの見方、育て方」（分担執筆2006培風館）
「共に育ちましょう　本気で学び続ける子どもを育てる学校経営」（単著　2013日本教育研究センター）

考えることが楽しくなる道徳の授業

2017年4月17日　第1刷発行

著　者　藤田　善正
発行者　岩田　弘之
発行所　株式会社日本教育研究センター
　　　　http://www.nikkyoken.com/
　　　　本　社　〒540-0026　大阪市中央区内本町2-3-8-1010
　　　　　　　　Tel 06-6937-8000　Fax 06-6937-8004

カバー表紙デザイン　中原　航
ＤＴＰ　　前　克彦
印刷所　シナノ書籍印刷株式会社

（落丁・乱丁はお取替えします。）
ⓒ2017　Yosimasa Fujita
Printed in Japan
ISBN978-4-89026-184-0 C0037